支持项目：

◎重庆人文科技学院 2019 年度高等教育改革课题
  平台提升民办高校经管类专业（拔尖）人才竞争〇

◎重庆市教育科学"十四五"规划 2022 年度课题 K22YG218234 乡村振兴战略
  背景下高校创新创业教育提高大学生乡村创业胜任力的对策研究

◎重庆市教育科学"十四五"规划 2022 年度课题 K22YG218233 乡村振兴视域
  下教育巩固拓展脱贫攻坚成果研究——以重庆市脱贫摘帽地区为例

◎中国民办教育协会 2022 年度规划课题 CANFZG22480 "大数据赋能＋产教
  融合实践"：民办高校经济类专业发展路径研究

◎基金平台：成渝地区双城经济圈中小城市发展研究基地

"互联网＋教育"驱动经管类创新型人才培养的研究

张雨航　唐圣英　曾　巧◎著

吉林人民出版社

图书在版编目 (CIP) 数据

"互联网＋教育"驱动经管类创新型人才培养的研究 /
张雨航, 唐圣英, 曾巧著 . -- 长春 : 吉林人民出版社,
2022.8
ISBN 978-7-206-19480-1

Ⅰ.①互… Ⅱ.①张… ②唐… ③曾… Ⅲ.①高等学
校 - 经济管理 - 人才培养 - 研究 - 中国 Ⅳ.① F2

中国版本图书馆 CIP 数据核字 (2022) 第 216943 号

"互联网＋教育"驱动经管类创新型人才培养的研究
" HULIANWANG ＋ JIAOYU " QUDONG JINGGUAN LEI CHUANGXIN XING RENCAI PEIYANG DE YANJIU

著　　者：张雨航　唐圣英　曾　巧
责任编辑：门雄甲　　　　　　　　　封面设计：吕荣华
吉林人民出版社出版 发行（长春市人民大街 7548 号）　邮政编码：130022
印　　刷：三河市华晨印务有限公司
开　　本：710mm×1000mm　　1/16
印　　张：15　　　　　　　　　　字　　数：240 千字
标准书号：ISBN 978-7-206-19480-1
版　　次：2022 年 8 月第 1 版　　　印　　次：2022 年 10 月第 1 次印刷
定　　价：68.00 元

如发现印装质量问题，影响阅读，请与印刷厂联系调换。

前言
preface

20世纪末以来，以计算机技术、网络技术、通信技术的快速发展为代表的信息化正在引发世界的深刻变革，重塑了世界政治、经济、文化和社会的新格局，同时也引发了教育领域的重大变革，这不仅体现在人类学习方式、思维方式的改变上，还表现在课程的表现形式、课堂的教学组织形式以及学校的管理方式、教学评价方式和教育管理模式的变化上。互联网技术作为教育信息化的关键技术正在重塑教育，互联网教育是一种新的教育形态，正在参与变革未来教育，成为推动教育变革的重要教育形态。

2015年首次提出制定"互联网＋"行动计划之后，"互联网＋"这股浪潮就开始不断向教育领域渗透，2019年《政府工作报告》明确提出发展"互联网＋教育"，促进优质资源共享。在这样的背景下，政府遵循"以促进教育发展为核心，加快实现互联网普及全国教育领域"的发展政策，使"互联网＋教育"成为我国"互联网＋"战略的重要组成部分，加快了教育改革与信息化发展。

在我国的社会经济建设中，经济管理类专业发挥着越来越重要的作用，社会对经济管理类创新型人才的培养和能力要求也有了越来越高的标准。创新型人才是具有创新意识、创新精神、创新思维、创新能力并能够取得创新成果的人。创新型人才的基础是人的全面发展，创新型人才培养工作在传授学生广博知识的同时，更应注重发展学生个性，重视培养学生求实探索的科学精神和批判精神、健康的身体素质、良好的心理素质、高尚的道德情操、良好的人文与科学素养、较强的团队精神和广阔的国际视野。

目前我国高校正积极探索经管类创新型人才培养方法。经济管理类专业发展和教学改革的重点是迎合信息化和网络化的时代要求，加速培养跨专业的人才，以满足社会的需求。有鉴于此，笔者撰写了本书。

本书共五章，第一章为概述，主要阐述"互联网＋教育"、创新型人才培养体系的基本内涵以及经管类专业人才培养的要求。第二章至第五章分别从经管类专业定制化教学体系的构建、经管类专业翻转课堂教学模式的构建、经管类专业实践教学模式的创建、经管类创新型人才培养课程与服务资源建设等角度深入分析互联网背景下经管类专业创新型人才培养的路径与方法。由重庆人文科技学院张雨航、唐圣英、曾巧共同撰写而成，具体分工如下：张雨航负责第一、二章的撰写，共计7.5万字；唐圣英负责第三、四章撰写，共计6.5万字；曾巧负责第五章的撰写，共计4万字。全书由张雨航负责统稿工作。

鉴于笔者水平有限，书中难免有疏漏之处，恳请专家和读者批评指正。

目录
contents

第一章 概述

　　"互联网＋教育"是互联网及其衍生的相关技术与教育的深度融合，通过互联网技术和手段，可以实现对现有教育的增强与优化，提高教育的公平性、质量和效率。在"互联网＋教育"的驱动下，创新型人才培养的路径也变得更加丰富。经管类专业作为高校教育的专业之一，培养创新型人才是其教育目标之一，而借助"互联网＋教育"的优势，无疑可以提高高校经管类创新型人才培养的效益。

第一节 "互联网＋教育"概述

一、"互联网＋"的内涵

（一）互联网及"互联网＋"的概念

1.互联网的概念

互联网是指将各种计算机网络连接到一起，覆盖范围囊括全世界的互联互通网络。现在通常用互联网指代由世界各国的主干网络相互连接而成，并覆盖了全球绝大多数国家和地区的国际网络。计算机或智能终端通过互联网连接时，可以发送和接收各种各样的信息，如文本、图形、声音、视频和计算机程序。

1994年4月20日，中国通过一条64K的国际专线，全功能接入国际互联网，自此我国成为国际社会官方承认的具有全功能移动互联网的国家，我国的网络时代从此开启。

现如今人类已进入互联网无处不在的全新时代。从刚开始的网上获得时事资讯、社交资源、购物信息，到互联网被广泛地应用到与其相关的行业中，再到其对金融、零售、教育、医疗、汽车、农业、环保、能源等行业产生深刻影响，可以说，互联网为我们提供了更自由的生活，以及无处不在的便利。互联网这一具有强大生命力的事物，其发展影响了整个世界。互联网以及互联网思维对不同行业均会产生一定的影响，从而带来某些变化，这种改变我们几乎每天都能体验得到。正因为如此，"互联网＋"才应运而生，互联网与其他行业的结合，是为了以技术手段以及科技理念提高各个行业的效率，服务实体经济。"互联网＋"成为互联网发展的新形态、新业态。

2."互联网＋"的概念

关于"互联网＋"的概念，无论是在国家层面，还是企业层面，都有明确的解释。首先，从国家层面来看，《国务院关于积极推进"互联网＋"行动的指导意见》，文件中对"互联网＋"进行了如下解释：最大程度促进网络创新应用成果与经济社会发展不同领域的深层次融合，不断推动社会组织结构的变革、运行效率的提升以及科学技术的发展，并促使社会中实体经济方面的生产力以及创造力大幅提升，逐步形成在互联网基础之上的经济发展的新形态；其次，在上述指导意见出台之前，政府工作报告中就已经对"互联网＋"进行了相关描述，即我国发展"互联网＋"就必须制定相应的行动指南与计划，如此才能更加顺利地促使如今的制造业与大数据、互联网、物联网和云计算相互结合起来，从而推动我国的互联网金融业、电子商务以及工业互联网健康发展，促使其相关企业积极探索海外市场；最后，从企业层面来看，就"互联网＋"进行过讨论，指出这是一种借由互联网发展起来的一系列信息技术，对我国社会生活以及社会经济领域不同层面所带来的影响，同时认为，这是将互联网平台当作前提条件，加强互联网与不同行业的有机融合，促进各种产业转型与升级，同时推动经济发展新模式、经济市场新产品以及新业务不断涌现，构建出万物互联的新生态。

通过分析发现，各层面对于"互联网＋"的理解尽管措辞不一样，但整体上有共性：发挥互联网在经济发展和社会生活中的基础性作用。总体来说，"互联网＋"代表一种新的经济形态，是基于互联网平台促进各种经济资源集聚、交互，让所有基于互联网产生的各种创新能力、先进科技研究成果以及各类商业发展模式，能够渗透进社会生活与经济领域的方方面面，促使国家实体经济与虚拟经济的生产力与创新力不断提升，逐步形成基于互联网这一媒介的社会生活与经济领域发展的全新形态。①

一般来说，"互联网＋"其实就是"互联网＋传统行业"，但这并不意味着将二者简单相加，而是通过网络平台以及信息通信技术，促使传统行业与互联网展开深层次融合，创造出全新的发展生态。其代表着一种全新的社会形态，具体就是最大程度地发挥出网络在社会资源配置方面的集成与优化作用，把网络创新成果深层次融入

---

① 孔剑平，黄卫挺．互联网＋：政府与企业行动指南[M]．北京：中信出版社，2015:6.

社会各领域，提升整个社会的生产力与创新力，促成极为广泛的以网络为工具与基础设施的经济发展新形态。

作为我国经济发展重大战略之一的"互联网＋"相关行动计划，它的目标是基于互联网实现全新一轮的技术革命，加快我国传统产业的结构改革与转型升级，并且借由互联网技术与传统行业的深层次融合，不断创造出新的经济增长点与新的经济发展业态，将二者融合当作塑造新优势、适应新常态以及谋求新发展，进而推动中国经济向前发展的新动能。

当前我国需要大力推进"互联网＋"发展战略，推动大数据、实体经济、人工智能与互联网深层次融合，同时在绿色低碳、中高端消费、人力资本服务、现代供应链、共享经济、创新引领等方面形成社会发展新动能、培育新的经济增长点。

近几年我国经济运行态势持续稳中向好以及互联网信息技术飞速发展，传统行业呈现出了信息化、服务化、科技化和一体化的特点，不同行业、产业之间融合升级趋势越发明显，"互联网＋"成为培育经济发展新动能的重要动力。

从获取和传播信息到改变社交方式和范围，再到变革生产和消费方式，互联网不仅正在全面应用到第三产业，还正在向第一和第二产业渗透。"互联网＋政务服务"让数据多跑路，让群众少跑腿；"互联网＋医疗"推动整合型医疗卫生服务体系建设，缓解看病就医难题，提升人民健康水平；"互联网＋教育"促进优质教育资源共享，实现教育区域、城乡均衡发展；"互联网＋公共文化服务"

让群众更好地享受文化服务，满足群众文化需求；"互联网＋工业"让生产制造更智能；"互联网＋智慧能源"变革能源生产与消费模式，提高能源利用效率；"互联网＋农业"催化现代农业的品牌化道路……"互联网＋"加出的是更加便利、更加美好的生活，我们每一个人都是"互联网＋"的受益者。

互联网技术应用已经进入全方位、多层次、多元化、多模式、广渗透的新阶段，可从信息技术转为生产方式、从互动平台转为服务模式、从生产工具转为关键基础设施。我们对"互联网＋"的理解可以看作其对不同领域与层面影响的体现，其一是商业模式的创新，其二是创新驱动的发展模式，其三是对生产流程的再造与价值链条的重新组合，其四是实体经济发展的生产力与创新力。

对正在寻求经济增长新动力的中国来说，"互联网＋"加的是全面深化改革开放的战略思维，加的是经济发展方式转变、促进国民经济提质增效升级的具体路径，加的是各类创业人才竞相迸发的创新生态。

（二）"互联网＋"的基础设施：云＋网＋端

"互联网＋"的蓬勃发展有赖于基础设施的支持，加大力度提升基础设施服务水平，"互联网＋"才能获取飞速发展所需的源源不断的动力。"互联网＋"全新的基础设施能够总结为云、网、端三个层次。

云是由云计算与大数据形成的基础资源。大数据是基于各种经济、商业、交易、消费行为等的可数据化。数据的价值在于挖掘和分析，这也是大数据和云计算密不可分的原因。大数据和云计算是信息和网络社会特有的技术、方法和工具，通过对海量数据的分析和应用，可获得对于内在规律和未来趋势的认识和洞见。

网是指互联网、移动互联网、物联网等多重网络技术的融合，网络的承载能力、传输能力和交互能力不断提升。互联网的连接性和交互性使数据的流动性不断增强，大数据在互联网平台上呈现为流动的"活数据"，只有流动的"活数据"，才能被调用和挖掘。在各行业之间、行业内的上下游之间、不同协作主体之间形成的海量数据不断产生交互，进行有形和无形的价值创造。

端是指使用者可以直接利用的可穿戴设备、个人电脑、传感器、移动设备，以及基于移动终端的各种软件应用。"端"既是满足用户需求的渠道，又是企业提供产品和服务的界面，也是大数据的重要来源。

云、网、端的结合，是"互联网＋"战略应用到各行各业的基本模式。无论是新兴产业还是传统产业，都需要利用互联网平台，进行数据资源的集成和分析，掌握用户的精细化需求，提升生产研发效率，与用户实时交互，创新产品和服务。

（三）"互联网＋"的主要特征

2012 年中国已经进入移动互联网的兴盛时期，此时世界上各个国家的移动互联网都在不同程度上影响着人类的生产生活，可以说移动互联网的出现推动着人类社会不停地向前发展，以下是"互联网＋"的具体特征。

1.跨界融合

"互联网＋"中的"＋"，实质是指不同领域间的彼此跨界，它是一种变革，更是不同领域间跨界融合的体现。只有实现了行业间的跨界融合，才会不断涌现出众多新创意、新产品、新技术与新理念，也只有在此基础上才能让不同领域协同发展，促使从产品研究与开发到产业化的发展过程变得更加垂直化。

现如今，时代正处在一个巨变的过程中，而促使这一改变的驱动力与跨界融合不无关系。以往传统制造业的结构模式正在被新时代的移动互联网以及大数据所打破，进而不得不去改变。然而，这一改变实质是实现不同产业间的深度融合，并由融合带来各种新兴产业的诞生与发展，以上均是实现跨界融合的前提与基础。

互联网经历了基础初创期、产业形成期和快速发展期，目前已经进入了"互联网＋"时期，也叫作"互联网＋"融合创新期。

随着云计算、大数据、移动互联网以及智能终端的发展，互联网与更多行业的跨界融合成为大势所趋。在我国大力推动创新的当下，使传统产业与互联网进行深度融合，并借由"互联网＋"的业务创新与先进技术模式推动产业实现创新，不仅能带动产业转型升级，也将催生我国未来经济发展新的增长点。

2.创新驱动

中国以往的粗放型经济发展方式早已不再适应当今时代发展的需求，必须要有所转变，走向创新驱动发展的道路上来。具体要运用互联网的思维模式,促使包括制造业在内的各领域实现转型升级,发挥创新力的巨大作用,完成时代要求下的自我革命。

目前我国正处在以创新驱动经济发展转型升级的重要时期。我国必须坚持创造、创业、创意、创新驱动型发展,同时在此过程中发挥个人创造精神,鼓励协同创新、跨界创新、融合创新。

互联网和信息技术的快速发展已经成为世界经济发展的新引擎,引发了人类经济社会生产、生活、消费等方式的深刻变革,也成为中国在"互联网+"时代抢占未来发展制高点的战略选择。

3. 重塑结构

伴随着互联网的不断发展,原有的部门、企业、行业、产业之间的边界日益模糊,信息的获取也变得更加便利与平等,原有的企业结构、文化结构、经济结构与地缘结构逐渐被改变,最终实现了结构的重塑。

互联网与经济社会各领域的融合发展进一步深化,打破了传统行业原有的体系和架构,而且利用互联网思维可对传统行业进行解构和重构,重塑传统行业的结构关系。

4. 尊重人性

我们探讨"人性",先要了解人性是人类最为本质的精神属性。人类在社会生活中的一言一行均是人性的展现,通俗来说就是人的本性。人性具体来说包括对新鲜事物的好奇心、对获得他人尊重的看重、与他人友好相处的条件、对于胜利的渴望,其中也包括人类对于安逸生活的追求以及懒惰的天性。

人性的光辉其实是不断推动社会进步、科技发展、文化繁荣以及经济增长的关键力量，而"互联网＋"之所以可以改变人类社会的方方面面，是因为它尊重人性的本质特征，同时体现出对人类发挥创造性的重视以及对人类体验的敬畏。

"互联网＋"的发展紧紧围绕"人"这一核心，而通过技术革新不断提高人的生产效率、沟通效率和生产生活方面的各种体验，以及增强技术进步带来的获得感，体现出人性的向往和追求。无论是"互联网＋"也好，传统行业也好，本质都是"以人为本，服务于人"。比如，关于"互联网＋教育"，大众拥有相同的资源，不会因为家庭背景、经济实力、智力水平、性格的不同而受到影响，大众都能够依照个人的需求选择适合自己的教师、学习科目以及学习方式，具体可以是探讨，可以是听讲，也可以是论战。"互联网＋教育"使学生多重感官参与，以其喜闻乐见的方式发挥信息通信技术的优势。

5.连接一切

一切创新需要连接，一切跨界需要连接，一切融合也需要连接。连接作为一种形态以及对话方式而存在，如果没有连接，便不会有"互联网＋"的出现。这也正是运用互联网技术与各行各业进行跨界融合，推动产业实现转型升级，并一直创造新模式、新产品与新业务所必需的条件。

连接一切是"互联网＋"的目标，这个连接包括人与人、人与服务、人与线下的连接等。微信为现在人与人连接的首要方式，拉近了人与人之间的距离；美食软件则建立了人与服务之间的连接；打车软件改变了路边招手等车的现象，减少了空车的闲置，创建了人和车的连接。今天，在"互联网＋"的起跑线上，各行、各业、各地，都需要把握难得的机遇窗口，作出至关重要的反应。

二、"互联网＋教育"的内涵

（一）"互联网＋教育"的概念

1."互联网＋教育"的定义

"互联网＋教育"实质上就是教育行业与互联网发展衍生出的相关技术深层次融合，具体可借由网络手段与技术手段实现对目前教育结构的优化，促进教学工作的质量、效率迅速提高，也推动教育变革，创造和发展教育新生态。"互联网＋教育"的要点如图 1-1 所示。

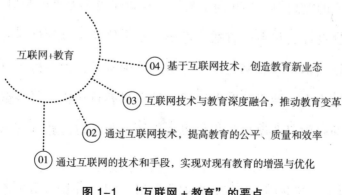

互联网+教育

04 基于互联网技术，创造教育新业态

03 互联网技术与教育深度融合，推动教育变革

02 通过互联网技术，提高教育的公平、质量和效率

01 通过互联网的技术和手段，实现对现有教育的增强与优化

图 1-1　"互联网＋教育"的要点

2. "互联网＋教育"提出的背景

（1）教育信息化是建设教育强国的需要。建设教育强国是实现中华民族伟大复兴的基础工程，必须把教育事业放在优先位置，深化教育改革，加快教育现代化，办好人民满意的教育。以教育信息化带动教育现代化，破解制约中国教育发展的难题，是加快我国从教育大国向教育强国迈进的重大战略抉择。

（2）信息时代经济社会各行业人才需求快速变化。人工智能、互联网与大数据等先进技术的迅猛发展，使得大众的生产与生活方式发生了翻天覆地的变化，同时经济社会中各领域人才需求的改变也促使人才观发生了相应的改变。信息技术深刻改变了各行业对劳动者知识、能力、素养的要求，人机协作能力、沟通协调能力、计算思维、信息素养以及复杂问题解决能力等均成为当代社会评判人才的全新标准。

（3）基础设施的完善。我国"互联网＋教育"已具备良好的基础，成为加快实现我国教育现代化的有力引擎，互联网及手机移动端普及率的提高为"互联网＋教育"提供了蓬勃发展的契机。例如，乡村地区视频会议室、直播录像室、多媒体教室等硬件设施不断完善，名校名师下乡、家长课堂等形式逐渐普及，为乡村教育发展提供了新的方案。通过互联网手段弥补乡村教育短板，可为偏远地区青少年通过教育改变命运提供更大可能，为各地区教育均衡发展提供条件。

（4）"互联网＋"行动计划的提出。2015 年国务院印发的《政府工作报告》中第一次提出要制订"互联网+"行动计划后，"互联网+"这股不可遏制的浪潮不断向教育领域渗透，2019年国务院印发的《政府工作报告》明确提出发展"互联网+教育"，促进优质资源共享。在这样的背景下，政府坚持"以促进教育发展为核心，加快实现互联网普及全国教育领域"的发展政策，使"互联网+教育"成为我国"互联网+"战略的重要组成部分，更为加快教育改革与信息化发展提供了重要条件。

3."互联网+教育"的本质

"互联网+教育"不仅仅是技术与教育的简单结合，正确理解"互联网+教育"的本质，有助于指导我们进行教育实践。

（1）"互联网+教育"是对教育各要素的全面重构。"互联网+教育"的推行先要注意全方位转变有关人才培养理念，要从根本上摆脱传统应试教育统一性培养模式以及思维模式的限制，以学习者的全方位发展为中心，坚持实践和理念彼此融合、成才与育人并举、结果与过程并重，逐步形成高质量的人才培养体系，从而提高人才对于社会经济增长的贡献率，促进教育与互联网融合对教育不同要素的重构，如图1-2所示。

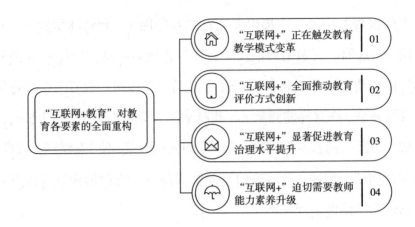

图 1-2　"互联网＋教育"对教育各要素的重构

第一，"互联网＋"明显推动了教育治理水平的提升。从云到网再到端的新型模式的教育公共信息服务平台，促使管理服务更加智慧、学校组织体系更加灵活、信息的识别更加精准。与此同时，以管理的智能化与信息化为支撑，可以高效推动管办评的分离，促使教育公共信息服务水平不断提升，推进教育领域治理能力与治理体系逐步实现现代化。基于云计算、物联网、大数据等先进技术，逐步实现对各种教学系统的全流程、全方位、全天候、全体系的动态监测，能够不断促进教育领域管理精细化、资源配置最优化以及服务供给精准化。

第二，"互联网＋"使得教育界的改革一触即发。人才需求标准的改变使得教育教学课程内容改革被提上日程，同时人才的评价标准不再仅看中分数，而更加注重协作能力与创新思维。未来教育的发展方向更加趋于跨学科式的内容整合，同时也更加支持教学环境个性化与智能化，针对受教育者制定更加个性化的教学方案，由此教育行业内部的个性化与规模化矛盾可以得到高效解决。

第三，"互联网+"亟须教师群体的综合素养提升。随着信息技术在教育领域中的不断深入融合与应用，教师角色的原有使命发生了变化，从过去以重复性的体力与脑力劳动为主，向注重对学生个人塑造、能力培养、素养培养以及心理干预方面倾斜。教师的职业要求将更加全面，首次提出对教师的信息技术应用能力的要求，教师的能力评判标准将被再次定义。

第四，"互联网+"全方位促进教育评价标准的创新。结合了先进智能技术的最新教育系统将实现对学习与教学的全程伴随性、无感式数据采集以及跟踪监测，完成源于大数据多维度的综合性智能评价。建立教学活动质量监测系统，不断开发智能性评价工具，可使得家长、学生和教师参与到教学评价过程中去，以确保评价结果的有效性与科学性。

（2）"互联网+教育"核心在于构建未来教育新生态。教育的改革需要从构建社会性的良好生态开始，建立外部社会与校园的协同机制，逐步形成流程无缝衔接、校内外彼此打通、资源充分共享的新生态，也只有如此才可以借助信息技术为课堂、教师、学校与学生赋予能量，推动完整的教育系统实现深刻变革。

第一，发展"互联网+教育"需要快速实现教育领域信息化的创新与融合。国家相关组织把教育领域的信息化划分为四个阶段，即起步、应用、整合与创新，而为了不断推动该领域信息化的创新与融合需要不断推进"互联网+教育"，实现体系变革。因此，一定要从根本上摆脱把技术应用当作本位的发展思路，将促进教育创新当作出发点与落脚点。此类创新既是源于技术的集成创新与原始创新，也是教学模式、管理体制、教育理念、学习方式以及评价机制的创新。只有如此，才可以快速推动教育与信息技术融合过程中的变革力量。

第二，发展"互联网＋教育"需要使信息化的过程成为教育变革实现的驱动力。"互联网＋教育"不仅仅是单纯运用信息技术进行教学活动，也不是对整个教育系统某些环节的修补，而是运用"互联网＋"的技术、思维方式以及运行模式，促使教育系统实现重构。尽管经过多年的积极探索，信息技术对教育界的巨大影响效果已经显现出来，总体而言，成效并没有很突出，部分学校或者地方还只是将信息技术当作教学过程中的手段与工具，习惯于采用信息技术实现对传统教学模式的加固，如借助源于大数据的错题分析来进一步强化学生重复性的记忆训练以及机械化的刷题练习，甚至通过智能头箍对学生注意力进行检测。实际上，信息技术对教育领域的变革并非局部的，而是多层次、全方位以及系统的。

（3）"互联网＋"是促进优质资源均衡化的有力支撑。在《教育部关于加强"三个课堂"应用的指导意见》中，"三个课堂"是指"专递课堂""名师课堂"和"名校网络课堂"。关于"三个课堂"的应用模式，重点强调了"专递课堂"的专门性，"名师课堂"的共享性，以及"名校网络课堂"的开放性。

大力推进教育与互联网的有机融合，有益于运用"专递课堂"

丰富乡村的师资力量。在借助互联网同步上课或者在网络上有针对性地开设课程时，要依照教学进度运用网络安排适宜的教学资源，开足开齐相应的课程，推动教育的均衡与公平发展。要通过名师讲堂来解决授课教师业务水平较低、教学能力不够的问题，借助组建互联网研修共同体，积极探索互联网环境下的教学研究活动的全新形态，促使业务能力一般的教师向优秀教师学习，帮助薄弱学校教师提升教学素养与教学研究能力。要以优质的学校为中心，借助网络课程，全方位与系统性地促进优质资源在一定区域内乃至全国范围内实现共享，顺应当下学习者对高质量以及个性化的要求，最终促进"三个课堂"在各级各类校园内实现常态化的应用，促进教育优质均衡发展。

（二）"互联网＋教育"的基本特征

"互联网＋教育"是一种全新的教育形态。"互联网＋"背景下，教育正发生全新的变革，教育思维方式、学习方式、课程教学模式等都要适应"互联网＋"的思维与挑战。过去人们对学校的认识与思考必将改变，正确理解"互联网＋教育"的特征，对于开展教育实践有重要意义。

1.跨界连接

"互联网＋"中的"＋"表达的就是一种跨界，是由此及彼的连接，而在跨界连接基础上可产生一种新形态。教育领域在互联网基础上，可以"＋"德育，可以"＋"课程，可以"＋"教学，可以"＋"管理，等等。

"互联网＋教学"推动教学模式变革，信息社会的人才更重视创新思维和协作能力，同时培养目标的转变推动了课程教学内容重构；"互联网＋学习"使学生更加个性化、定制化的学习成为可能；"互联网＋评价"使教学评价更加全面、立体和多元，互联网相关技术能够实现对教与学整个过程的伴随性、无感式数据采集以及跟踪监测，此类源于大数据对学习者态度、行为、情感与思维等方面差异性表现的综合分析，可促使评价更加精准与多元，并且保证评价结果更加有效与科学；"互联网＋管理"可使教育治理水平再上一个台阶，而基于云计算、物联网、大数据等先进技术，可实现对不同教学系统全天候、全体系、全方位、全流程的动态化监测，能够推进教育教学服务的资源配置最优化、管理更加精细化以及服务供给精准化。

2. 创新驱动

"互联网＋教育"创新驱动体现的是用互联网思维推动技术与教育的融合创新，实现对教育的深刻变革。"互联网＋教育"将推动教育事业不断创新当作出发点与落脚点。技术可以对教育事业的创新提供极其有力的保障与支持，人工智能技术、大数据、移动互联网、虚拟现实等新技术促进了教育教学新模式的形成。技术促进教育众创空间的发展。创建不同类型的众创空间，可以为学习者提供创业试验与创新学习平台。目前，很多高校众创空间正在大量涌现，使创新教育拥有了丰富的资源，而坚持课堂教学学生的主体参与性、实践探究性成为教育现代化的风景线，为培养学生创新素养提供了有效的载体。互联网技术为创新的开放和分享提供便利与可能，使教师和学生共享成果，使教育教学的创新点迅速扩散。我们需要认识到创新驱动不只是技术领域的创新，更加关键的是学习方式、管理体制、教学模式、评价机制、教育理念方面的创新，只有如此才可以持续促使信息技术在和教育彼此互融过程中体现出推动教育事业改革的力量。

3.优化关系

优化关系是指"互联网＋教育"打破原有的各种关系结构，使师生关系、教育机构与学习者的关系优化重组。借助互联网技术建立外部社会与校园的协同机制，可逐渐促成教师教育管理流程无缝衔接的、校园内外彼此打通、教育资源充分共享的新生态，进而通过互联网技术使学生、教师和学校进行更广泛、更深入的分享，实现信息对称。信息技术为教师、学生、课堂、学校等全面赋能，使教育升级到了更高水平。

（三）"互联网＋教育"的发展趋势

1.移动互联化

移动互联网是在传统互联网基础上发展起来的，它继承了移动通信随时随地实现通信和互联网分享、开放、互动的优势，移动互联网和传统互联网具有很多共性，同时它又具备许多传统互联网没有的新特性。主要有交互性、便携性、隐私性、定位性、娱乐性、局限性、强关联性、身份统一性等特征。

移动学习有三个主要特征：首先，移动学习是在数字化学习的前提下逐步发展起来的，它是数字化学习的延伸，区别于其他学习。其次，它的独特性在于移动特性。因为互联网学习形式较为灵活，学生不再受困于课桌前，所以可以随时随地、自由自在地实施不同方式、不同目的的互联网学习。最后，从其达成的方式分析，移动学习达成的技术前提是互联网技术与移动计算技术，达成的工具是便捷小巧的移动设备，如平板电脑或者手机。

2.虚拟现实化

虚拟现实是能体验与创建虚拟世界的一种计算机系统。它是由计算机生成的，通过将视觉、听觉、触觉等作用于使用者，使之产生身临其境感受的交互式视景的仿真。随着虚拟现实技术发展及其在教育教学中的应用，虚拟现实设备逐渐可以像教具一样融入课堂教学，对教育产生了巨大影响。具体体现在以下几个方面。

（1）为学生提供生动、逼真的学习环境。虚拟现实技术可最大限度地促进人机交互，促使学习者的听觉、视觉、触觉等多种感官均可以参与学习。借助 VR 教学，学生可以自由穿梭于微观世界与浩瀚宇宙，而对于小到分子、原子之间的反应，大到行星、星系的运动，慢到万物生长的过程，快到微粒碰撞的瞬间，都可通过在虚拟世界中建模的方式构造出实例，从而让学生很直观地去学习和了解这些抽象性的知识。

（2）拓展教学内容，激发学生的学习兴趣。在虚拟现实技术的协助下，能将众多教材中无法表达或者课程实验中较难操作的课程内容形象且具体地体现出来，最终实现课程内容的多元化与全面化，为学习者的学习提供更加完善与丰富的课程资源。

（3）教学手段更加多样化，更好地支持个性化和自主性学习。在虚拟现实技术支撑下，学生在互联网平台学习时仿佛"身临其境"，所以大大增强了研究探索与自主学习的热情，同时能够基于自身的学习进度与学习思路自主地选择会话情境与教学内容。不管是已经参加工作的人，还是在校学生，抑或是正在接受特殊教育的群体，只要有任何学习方面的动机与需求，均能借助互联网平台进行自主学习，这在很大程度上提高了学习者的主动性，更好地促进了学习个体的个性化学习。此外，运用虚拟现实技术，还能够促使竞赛学习方式、在线学习方式、小组合作学习方式等得到更加高效地运用，推进学习者全程参与、全面参与，实现教学举措的新突破。

总而言之，虚拟现实的先进技术在目前的教育教学中将会被越来越多地应用。由此可见，在未来来的教育领域中，虚拟训练场、虚拟实验室以及虚拟教室等借力虚拟现实技术的教育模式将发挥巨大作用，为现代教育发展注入全新的活力。虚拟现实技术是具有深远的潜在应用方向的新技术，它将对教育产生深刻的影响。

3. 人工智能化

人工智能技术的发展及其在教育领域的应用，为传统的学校教育注入了新的活力，可通过人工智能系统对学生数据进行分析，全面掌握每个学生的真实需求，智能化地推送合适的学习资源，促进学生学习的个性化；通过人工智能系统汇总学生的学习态度、学习风格、知识点掌握情况，同时统计班级整体的学习氛围、薄弱知识点分布、成绩分布等学情信息，促进教师教学过程精准化。通过人工智能系统对教育数据进行整理与加工，生成可视化的分析图，可为学校的管理者提供源于模型与数据的决策建议，促进智能数据驱动管理科学化。

有关"人工智能＋教育"的典型应用场具体包括：教育智能服务与管理、智能教育评价、智能教育环境、智能教师助理、智能学习过程支持。人工智能先进技术的进步，将促使将来的教育领域发生翻天覆地的结构性重构，且上述五个方向大致不会改变。具体来说就是未来教育需要关注核心素养导向的人才培养活动，关注人机结合的思维体系与制度体系，要关注人机协作的高效教学，要关注适应性、个性化与多样性的学习。

4.共享经济化

共享经济就是利用互联网技术，通过互联网平台，用低成本、高效率的方式，把优秀的产品资源传递到我们每个人的身边。共享经济，其最大的特点就是将资源共享化，物尽其用，让资源更具便捷、高效的特点。

教育的共享经济化是指通过网络平台使图书馆的图书、资源库资源、慕课、微课等闲置的教学资源共享，利用网络直播、在线互动教室等平台，使优质的师资力量共享，学习者只需付出极少的费用或者以免费的方式，获取共享教育资源，参与网络互动学习，使教育资源得到最大限度地利用，同时也满足学习者个性化学习的需求。具体来说，共享经济对教育的影响主要体现在以下几个方面。

（1）共享经济将会促进教育教学理念的转化。共享教育所带来的教育大变革，不只在于怎样解决人工智能、虚拟技术等在教育领域造成的影响问题，更加关注不同年龄层次与学习阶层的需求，并会据此探寻选择合适的学习手段与方法，促使教育理念、教育体制、学习方法与教学方式变革。

（2）教育资源得以最大限度地有效利用与共享。在共享教育体系之下，大众能够依据不同的需要与意愿选择适宜的学习方法与手段，而在互联网条件下，教育资源可最大限度地得到有效利用与共享。推动互联网条件下的共享教育，可以有效实现优质资源共享，特别是对于师资匮乏、资源匮乏的地区，部分优质的教育资源可共享到边远地区发挥重要作用。

（3）学习组织方式变化。在共享经济时代，知识是在团体中共享的经验。也就是说，知识学习并不仅仅是一个单方面的自己获取和传输的过程，而是在组织中，跟大家群策群力，由集体智慧产生的过程。在工业经济时代，学习发生在传统的封闭空间，而在共享经济时代，学习发生在开放的共享空间。人们可以在网络上提供虚拟的、开放的、共享的平台，让不同地方的人，以及对同样主题都感兴趣的人一起去学习。

（4）教育生态转向。共享教育还会影响到教学界的生态系统。人的一生中有大部分时间都是在非校园教育的环境中学习，所以应该把可以提供学生学习的所有情境与场所归入教育领域，而技术的不断发展可促使知识的获取渠道变得日益丰富。这也就代表着在任何一个场所与地方，在流动的空间与时间内，学习者均能够从各自的需求出发进行弹性学习，均能够各自驱动自身的学习路径。并且在此意义之上，校园内外非正式学习与正式学习的连接，是对教育教学生态系统的进一步完善。

（5）降低教育成本。越来越多的教师开始通过互联网在全球教学平台上联合创建在线课程，并免费分享最佳教案。慕课课堂通过网络将全球数亿学生安排在同一个虚拟教室里，随着慕课课程获得学分授权的许可，世界各地的学生都有可能在网络上通过极低的成本选修世界顶级学府的学分课程。这将成为对传统教育方式的有力补充。

第二节　创新型人才培养体系理论综述

一、创新型人才的概念

我国自 20 世纪 80 年代起开始提倡培养创新型人才。对于该类型人才内涵的定义，国内许多专家学者从不同视角进行了阐述。比如，有的学者从该类型人才的外在价值视角出发进行阐述：凡是可以对一个自然现象或者一个社会现象给予关注并且第一个意识到这一现象的人便是创新型人才；有的学者认为：创新人才主要是指具有独创能力的，可以提出问题、解决问题并且能够开创事业新局面的人才；有的学者从该类型人才的外在价值与内在价值结合起来的视角进行阐述：其是具有全面创造性的人才，是内在创造性最大限度上得到开发与揭示，产生创新素质，并且可以取得创造性成果的特殊人才；有的学者从特性与素质方面对其内涵进行阐述：该类型人才主要是指具有创新人格、创新思维、创新意识与创新能力的人才；另有学者从该类型人才的内在价值角度出发进行阐述：认为创新性的思维与创造性人格相互结合便可以产生创新型人才，也可以说，该类型的人才主要是指在实践能力、思维方式、心理素质方面具有开拓性、独创性与新颖性，并且可以满足时代需求的高水平人才；创新型人才主要是指在个性得到最大程度发挥以及全方位发展的前提下具有创新能力、创新意识、创新精神的人才；等等。

当前对创新型人才的界定较为模糊，在判定标准方面也没有达成共识。部分概念界定只是从心理学的视角出发，与客观实际不符，还有部分界定相互间关系较为混乱。"创新"这一词汇最早出现在拉丁语中，其原意包含三点内容：改变、更新、创造新事物。1992年，美籍奥地利经济学家熊彼特曾经提出：创新包括两部分内涵，即取得创造性成果、探索未知领域。但是在内涵方面，迄今为止还没有出现与"创新型人才"或者"创造性人才"对等的统一的研究结论。

综合上述近些年众多专家与学者的调查与研究，可对创新型人才的内涵做出如下界定，如图 1-3 所示。

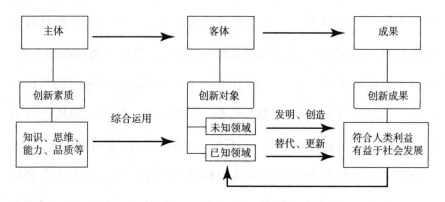

图 1-3　创新型人才的基本内涵

创新型人才应当与创新有关的活动串联在一起，创新具体包括三部分内容：创新主体、创新客体与创新成果。对应地，成为该类型人才须满足三方面要求：具备创新素质、作用于创新对象与形成创新成果。其中，创新素质主要是指创新型人才应该具有的创新品质、相关知识、创新思维与创新能力等，其可基于此系列素质对创新对象产生作用。创新对象既包括已知领域，也包括未知领域，对于已知领域的探索具体有替代与更新，最终形成创新成果，而对未知领域的不断探索主要是指大众常说的发明、创造。

今天我们培养创新型人才是为了促进人类社会发展，因此该类型人才的创新成果必将顺应人类发展利益，可以被人类社会广泛应用且利于人类社会不断进步。此类成果又能够被当作已知领域中的创新对象被不断创新，这样周而复始逐渐形成创新无限循环的发展链条。总而言之，该类型人才便是综合利用本身的创新素质，一直为科学技术发展或者社会进步做出重要贡献的人。在人力资源开发方面，创新型人才是一类较为特殊的人群。目前，国内重视建设创新型国家，需要大量的创新型人才，因此要特别重视培养该类型的人才。

二、创新型人才的素质结构

素质以某些生理条件为前提，是社会具体活动的产物。素质是以生理条件为基础，借助社会大环境的作用形成的，实施一定社会活动相对稳定的，最为本质的特征。素质的形成与培养需要一个过程，人应当具有由不同素质综合构成的整体素质。所以，创新型人才所具备的素质应当是众多优良素质因素有机融合构成的总和或者是因素的集合。

（一）心理素质

创新型人才应当具备的心理素质主要为高尚品德、创新人格、创新精神。

品德是个体按照社会要求的行为规范与道德准则而在实践时所展现出来的稳定性倾向，是一个人价值观、道德观、人生观、思想意识的综合体现。它可衡量个体是否有着强烈的责任感，是否拥有正确的世界观、人生观、价值观。品德仿佛是个体的灵魂，若是才学兼备，却没有道德标准，个体便会失去灵魂，我们今天想要培养的创新型人才应当是能够坚持正确的政治方向，具备高度社会责任感，以及良好社会公德与职业道德的人才。

创新人格主要是指与创造能力紧密相关的个性心理特征，涉及性格、意志、气质、信念、理想、兴趣等。个性心理特征调整着个体的心理过程，决定着个体的内隐行为与外显行为，它与个体的创新力紧密联系在一起。美国心理学家戴维斯把创造性人格特征总结为十个方面：敢冒风险；独立性强；有抱负、有理想；具有艺术上的审美观；兴趣爱好既单一又广泛；易于被奇怪复杂的事物吸引；自信心强；富有幽默感；具有好奇心；不轻信他人意见。笔者认为具备创新人格的人才有以下几个特点：好奇心强、独立性强、信念坚定、执着、勇敢、态度乐观等。

创新精神是人们在创新实践中应当具备的积极且较为稳定的心理倾向，是创新先导的"发动机"。创新精神主要是指抛弃传统思想、传统事物用来创立全新事物以及全新思想的精神。它体现为对于未知的好奇心；追求独特与新颖；敢于挑战与探索，不会墨守成规；等等。具有此种精神，人们才可以产生对于事物的不满与好奇，产生巨大的创新欲望，进而全心全意地投入打拼。创新精神目前对于创新型人才而言是必需的，是创新成果不断涌现、创新实践顺利进行的巨大动力，是如今创新人才必须具备的素质。

（二）基础素质

创新型人才的基本素质主要是指该类型人才的理论基础。

培根曾说"知识就是力量"，知识其实便是力量的来源。知识量的多少决定了创新型人才培养能否成功，人类发展史上的一切发明创造均是有理论基础的。从某种程度而言，创新过程便是对知识的利用过程，是对所学理论知识进行整合与转化的过程。远离了知识，创新便会成为无根之木，无源之水。人类已然进入知识经济时代，知识也变得越来越深奥与丰富，这便要求创新型人才必须兼顾知识的深度与广度。所以，该类型人才必须具有精深且广博的文化内涵，既要精通所学专业知识并掌握自身专业的相关发展趋势与最新的科研成果，又要有较为扎实与深厚的理论知识，知晓相邻学科以及一定的横向学科的理论知识，以上均是从事创新科学研究的前提条件。

创新型人才拥有思路开阔、文化素养高、掌握信息量大的特点。与此同时，完备的知识框架促使其拥有整体性以及科学综合化的意识，有利于其不断增强创新能力与综合思维能力。因此，知识是创新型人才具备的重要素质，具体表现在两方面：其一，创新型人才应当具备科学合理的知识框架与结构。创新过程并非简单知识的应用过程，而是不同知识彼此作用的过程。即使不同领域、不同专业的人的理论知识结构有所差异，但均有一套符合自身发展的科学合理的知识结构。其二，创新型人才应当具有大量的知识储备，了解众多信息，并在创新中将它们转化为较强的观察力与洞察力，从而能够在瞬息万变的大环境中准确判断与快速思考，展现出主体的创造性与能动性。基础理论知识是创新实践活动的基础，是个体分析问题、提出问题的前提条件。专业方面的知识既包括所学专业的学科理论知识，又包括邻近学科与横向理论知识，此类知识是创新型人才提出问题、解决问题与分析问题的有效工具；创新知识是影响人们创新活动的重要因素，是促使人们在专业领域突破问题研究，以获取创新成果的特殊知识，具有了此类知识，创新活动便会事半功倍。以上三类知识相辅相成、彼此联系，对创新型人才的能力与思维提升具有至关重要的作用。

（三）能力素质

1.创新思维能力

斯腾伯格的思维风格理论诠释了人的思维风格对创造能力的影响。依照其观点，个体的思维风格能够划分为司法的、立法的、执法的三类，并且指出，创新型人才具备立法风格。其实就是说，创新型人才的思维更加侧重于全面的、创新的观点以及去系统化的问题阐述。

在创新实践活动中，创新思维促进创新成果的出现。创新其实是新事物取代旧事物的过程，要想创造新事物便需要运用全新的思维方式去分析问题与思考问题，进而打破原有的事物。创新思维与普通思维有很大区别，普通思维是利用已有的知识经验，按照过去的方式解决问题，而创新思维是利用独一无二的方法，打破旧规则，积极寻求解决问题的办法。创新思维可以从两个角度进行信息加工，其一是运用全新的方法打破旧知识，促成信息的全新功能，其二是借助全新的知识促进信息增值。创新思维具有灵活性、突发性、独创性、综合性、求异性、敏捷性、跳跃性、联动性等特点。创新思维的形式一般指逻辑思维、直觉与灵感、收敛与发散、想象与联想等。

创新思维不是一种单一的思维模式，而是多种思维彼此有机结合、相互作用的结果。

2. 创新能力

创新能力一般是指个体利用掌握的知识、技巧与自身素质，创造出新事物的技能。创新能力是一种综合能力，它的形成与发展有赖于个体的某种素质与心理品质。反过来说，个体所具备的思维方式、掌握的知识只有转化为创新能力，才可以充分发挥其价值。创新能力是创新型人才的重要素质。创新能力制约且决定着创新行为的开展，是创新型人才具体实践活动得以运转与启动的助力要素。要想拥有创新能力，人们先要具备如下几方面的能力：其一是发现问题的能力，能够发现问题是创新人才的显著特点，若是不能发现问题，便会失去打破旧事物创造新事物的机会，也就没有任何创新可言；其二是解决问题与分析问题的能力，此是创新型人才充分利用自身所学技能与知识的能力，而将发现的问题处理好，才可以称为完成了一次完美的创新；其三是开拓创新的能力，该能力是创新的核心能力，具有典型性，创新型人才只有具备推翻旧事物建立新事物的能力，才可以将发现问题、分析问题与解决问题的能力合理地利用起来，做到他人无法实现的事情。

3. 实践能力

实践也称为具体活动，其是人类有目的地改造自然、自身与社会的所有具体活动，实践能力则是大众如愿实施具体活动的能力。

创新是指完成前所未知事情的能力，而创新成果应该接受具体活动的检验，在具体活动中不断发展与完善。实践能力其实是种动手能力，对于从事创新活动的个体而言，不管是表现在软件方面的知识创新，还是表现在硬件方面的技术创新，均离不开具体的操作能力。不管个体的想法多么高明与新颖，均应当由实际的操作能力将其转变为现实，不然的话便只能是纸上谈兵。实践能力通常是影响个体创新的关键因素，因此创新型人才应当具备实践能力。

4.交往能力

创新型人才在社会生活中学习、生活与工作，所以其脱离不了社会中人与人之间的交往环境，也无法避免遇到某些矛盾与问题，这便要求其具备一定的人际交往能力、沟通能力与协调能力。与此同时，创新行为也不只是简单个体的独立工作，创新研究成果的实现通常需要某个团队与组织的联合参与，这便要求创新人才拥有极强的团队协作能力。具备了以上能力，他们才可以与性格迥异的人友好相处，协调自身与他人之间的关系，为创新实践营造一个良好的环境与氛围。

当然，创新型人才的素质结构并非上述素质的简单相加，而是它们彼此促进、互为条件而构成的一个有机整体。其一，某一素质的高低将会对其他素质造成影响；其二，不同素质间的组合态势与组合比例差异会对整体素质结构造成影响。

三、创新型人才培养体系的概念及构成

（一）创新型人才培养体系的概念

体系作为科学的思维方式与认知手段，其是连接实践与理论的媒介。体系是一种自然的科学术语，从词义方面理解，广义指同类事物或者特定范围内依照内部联系与具体秩序形成的某一整体，是不同系统共同组成的系统。自然界的系统遵循自然法则，人类社会遵循社会发展法则。同理，人才培养体系也应当遵循教育的发展规律。从系统论的观点分析，一切系统均是不同要素间以及其与外部彼此作用形成的一套完整有组织的整体，若是没有整体性的联系，便不会有总体的功能产生。人才培养体系不止会受到外部环境与所属系统的作用，而且还受到其自身所包括的大量子系统的作用。因此，在研究创新型人才的培养体系时，必须要采用系统的观念去搭建总体框架，从整体上考察创新型人才培养体系中众多要素之间以及其与外部世界的相互影响。

伴随 21 世纪我国教育部门出台关于实施大学人才培养全新模式的改革计划，我国进行了大量的调查与研究，也得出了一些研究成果。关于创新型人才培养体系概念阐述方式作了如下总结与归纳。

1.结构法

结构法指出人才培养系统包括人才培养方案、培养目标与培养规格，其具体表现在详尽的人才培养计划方面，包括专业的教学内

容、培养目标、培养对象知识结构、综合素质与技能水平、课程设置、人才培养规格等要素。

2.目标法

目标法指出人才培养体系包括人才具体培养方式、培养目标与培养规格，而这些影响培养对象的关键特征也会影响教育理念与教育思想。

3.综合法

综合法指出人才培养模式包括人才培养过程、培养目标、培养方法、教育管理、培养规格等不同层面。人才培养体系是培养人才的方式与内容、教学质量评判标准、目标与指导思想等多个部分组成的系统，是学校办学特色、办学思想与办学水平的突出表现。

总结以上看法，本书指出创新型人才培养体系主要是指在科学的教育理论或者思想之下，为实现人才培养目标而创建的可行且稳定的教育运行方式与教学组织模式。此类运行方式与组织模式在实践活动中极具规范性、计划性与操作性，是教育实践与教育理论相互结合的统一的整体系统。

（二）创新型人才培养体系的构成

创新型人才培养体系应当包括培养目标、培养模式、专业设置、课程体系、教学方法、质量评价、教学环境配套、教育管理改革等多个核心组成部分。

1. 培养目标

培养目标主要是指人才培养体系的出发点与落脚点，是培养一方对于培养对象的具体质量与规格的整体规定，是人才培养体系中的关键因素。培养目标通常包括素质结构、知识结构以及能力结构三方面。

2. 培养模式

培养模式主要是指在具体的教育理念与教育思想指导下，为实现人才培养目标形成的极具师范性的运行机制与培养方式。该定义涵盖以下几部分内容：①具有一定的发展性与稳定性；②以特定的培养目标为核心；③众多要素组成的有机组合体；④依据实际的教育规律与理论，是实践与理论的总和；⑤有切实的示范性与可行性。

3. 专业设置

大学依据学科分工与产业结构，依据教育行业部门与管理部门提供的学科目录，依据自身的办学实际开设学科课程，实际是指专业设置。学校开设专业应当顺应社会发展的需要，因为合理且科学的专业是培养创新型人才的前提，也是大学自身实现可持续发展的关键因素。

4. 课程体系

培养目标的具体化主要是指教学活动与其组织形式的综合化，它是一种课程体系的体现。其内容规定了培养目标的实施方案，是人才培养的重要载体。课程体系一般由课程关系、课程活动方式、课程内容与形式以及具体课程构成。

5. 教学方法

教学方法主要是指在课程实施过程中，教师所选择的教育形式与教育手段的总和。在创新型人才培养过程中，教学方法是实际的实施节点与落脚点，是确保教学质量的关键。

6. 质量评价

教育质量评价具有一定的标准，它是对人才培养过程以及结果的效益与质量的客观评判。质量评价负责对教育教学组织、具体的课程培养活动以及人才培养目标进行反馈与监控，在人才培养中发挥着至关重要的作用。

7. 教学环境配套

在推行人才培养体系的时候，要从培养模式、课程体系以及培养目标入手，确保这一体系可以顺利运行。面对人才培养体系运行过程中的硬件与软件的压力（师资培育与质量、硬件设施配备等），教育的实施者应当做相应的准备。

8. 教育管理改革

我们说，所有关于人才的培养体系终究是要落实到学校教育中，这是其施行的前提与重要保障，也是该体系中的重要内容之一。从教育管理者到其制度，均应当为人才培养体系服务，而不是成为阻碍它的力量，这点在具体的工作中需要获得足够的重视与支持。

第三节　经管类创新型人才培养要求及方案编制

一、经管类专业的概念

经管类专业通常培养的是具备相应的操作技能与理论知识，可以胜任政府经管部门、企事业单位等社会组织工作的专业性人才。它的关键课程有会计学基础、组织行为学、财务管理、管理学、西方经济学、统计学、经济法、市场营销学与技术经济学等。

二、经管类专业学生的特点

在研究经管类学习者的人才培养模式中，应该先掌握该类学习者具备的特点，知晓其特点之后便能够采取具有针对性的手段，也只有这样才可以在培养学习者方面达到预期效果。与文史类、理工类的学生相比，经管类的学生在学习方法、创新内容以及思维方式上具有如下特点。

（一）理性和感性相统一的思维特点

对理工类学生的培养倾向于缜密的思维能力与清晰的逻辑结构，对定理、公式的演算与推敲以及推理能力，进而把问题的处理方案圈定在一定的范围内。而对文史类学生的培养更加倾向于感性的思维模式，给予学生足够大的发挥空间，所以学生在关注具体问题时，还会衍生出其他的思维路径，不拘一格，百花齐放。另辟蹊径的见解及发散性的思维运用，只要言之凿凿，便可以自成一派。

从培养方向与课程安排方面分析，管理学与经济学两大类中含有众多理科的思维模式，包含计算公式、较强的逻辑性以及大量的经济模型，此外管理学原本就综合了艺术性与科学性特征，所以经管类学生的思维特征结合了文史类学生与理工类学生的共同点，既需要发散性的思维作为延伸，同时又需要缜密的逻辑思维作为支撑，具有较强的可塑性与创新潜质。

（二）广泛的知识面

经管类学生的知识特点源于经管类学科的特征，而其特征表现为边缘性，既有文史类学科的社会性与人文性，同时又有理工科理论体系的技术性。当下的具体实践把经济类活动看作运动变化的过程，并且广泛地利用数学方法与理念，而经济活动说到底还是人类活动的核心与基础，该学科具有社会科学与自然科学的双重属性。所以，该学科的学习注重实践与理论相结合，学科的应用范围广泛，需要学生具有充足的知识储备，可以综合运用各种工具与理论，同时要具有极强的社会实践能力，最终使得此类人才成为各行各业的助推力与润滑剂。

（三）创新潜力较大

经管类学科不会像理工科要求学生在实验室内完成学习任务，而要求他们借助反复的社会实践活动发现问题，并通过不断地总结与归纳而激发灵感，实现创新。但是，经管类学生的创意灵感也不会像艺术、文史类学生那样会受阅历与环境的影响。经管类学生的研究成果通常是较为超前的，有待时间与社会活动加以验证，因此社会通常不会太过关注此类学习者的创新能力。对该类学生而言，创新其实就是在科学思想的引导之下，运用科学的方法与理论，在该领域展开开拓性思维活动，从而解决社会生活中的各类经管问题。

三、经管类创新型人才培养要求

（一）知识结构要求

1.工具性知识

经管类创新型人才应至少熟悉一门外语，且能对其进行熟练运用，具备读、写、听、译、说的基本能力；可以正确且快速地运用计算机来进行经贸活动，言外之意就是需要具有一定的计算机操作基础以及基本知识，对该专业及有关领域的计算机运用得心应手；具有从互联网获取信息的方法、工具和知识。

2. 自然科学知识

经管类创新型人才需要在现代科学技术、高等数学、概率论、数理统计以及线性代数等方面有坚实的基础和较为深入地了解。

3. 学科基础知识

经管类专业学生需要掌握本专业的知识。当前，中国经济运行的大环境发生了深刻而巨大的变化，在经济和社会方面都有新的问题和挑战。由此，中国乃至世界对相关人才的要求也将发生较大改变。在经济全球化这个催化剂的作用下，中国必然会与其他国家频繁进行经济贸易往来，需要大量相关人才，作为经管类专业的学生，必须在高校学习阶段打好坚实的学科基础。

（二）素质结构要求

对于素质结构方面的要求主要体现在：能够熟练掌握分析问题、解决问题的科学方法；能够及时捕捉新的国际政策法规等；具有国际经济学、经济学的方法与理论知识；可以熟练运用贸易经营中的各类操作技巧；具备从事经济贸易相关工作的能力。

1. 思想素质

在思想上应具备爱国主义情操，遵守中国特色社会主义的根本原则，拥护中国共产党的领导，具有正确的世界观、人生观、价值观。除此之外，还应具有良好的道德及健全的法律意识，对国家和人民有奉献主义精神。

2.专业素质

要有社会科学基础知识作为坚实的基础，有精湛的专业贸易实务作为依靠。

3.科学文化素质

正确的人生观和社会历史观是必须具备的素质。与此同时，还需要具有较好的艺术修养、语言表达能力、审美能力及社会实践能力。具有务实求真的科学素质，追求真理、懂科学、爱科学，对中国优秀的传统文化有较为详尽地了解。

4.身心素质

身心素质是一项不可忽视的内容。学校应定期开展军训活动，大学生也应积极主动去参加各种体育锻炼。高校也可以开设一些心理咨询室，对学生进行心理疏导，并帮助他们解决一些心理上的问题。只有具备良好的心理状态、健康的体魄，才能有较强的适应能力、抗压能力以及良好的人际交往能力。

（三）能力结构要求

1.获取知识的能力

具有独立获取本专业知识、更新知识的能力；具有获取自然科学、社会科学知识的能力。

2.应用知识的能力

我们需要认识到，学生学习知识的最终目的是将其应用于日常生活以及工作之中，因此学生应该具备综合运用专业知识和基本理论的能力，从而将其适当地运用于各个领域，并能够选择性地对这些知识进行使用。同时，学生还需具有缜密的逻辑思维、分析能力以及独立解决问题的能力，并能够针对一些突发事件给出合理的应急处理方法。

3. 创新能力

学生要具备相应的创新手段、意识与技能，可以操控部分新技术，并且拥有业务渠道和管理方法来实现目标；要洞悉经管类相关专业的第一手发展动态资讯，并且对有关专业海内外研究状况有较为详尽地了解；可以单独实施并完成相关的科研工作。

总而言之，职业能力的强弱由方法能力、社会能力与专业能力的强弱决定。方法能力主要是指从事职业活动所必须具备的学习方法与工作方法，强调学会工作、学会学习，以建立合理科学的思维方式；社会能力主要是指从事职业活动所必须具备的价值观念与行为规范，强调学会做人、与人共处，明确积极向上的人生态度；专业能力主要是指从事职业活动所必须具备的专业知识与专门技能，强调掌握知识、掌握技能，以获取科学合理的智能结构。经管类专业学生的能力要求如表 1-1 所示。

表 1-1 经管类专业学生的能力要求

专业名称	专业能力	方法能力	社会能力
工商管理	人力资源管理能力：具有人力资源规划、招聘、培训、考核等能力 营销管理能力：能够进行营销策划、实施等 团队组织能力：能够管理团队 物流管理：能够完成采购管理 创业创新能力：能够采用新的方法解决问题	计算机和网络应用能力；英语听、说、读、写能力；学习新知识、新技术能力；计划、组织和实施的能力；分析与解决问题的能力	具有良好的职业道德和高度的责任感；具有较好的语言表达及文书撰写能力；具有较好的沟通协调能力、应变能力和团队合作意识
市场营销	销售能力：能使用销售方法进行销售 谈判能力：能够和客户进行商务谈判 客户关系维护能力：能很好地进行客户关系维护 市场调查能力：能撰写调查问卷并形成报告	计算机和网络应用能力；英语听、说、读、写能力；学习新知识、新技术的能力；分析与解决问题的能力	
物流管理	物流采购管理能力：掌握采购流程、能够编写采购计划、掌握供应商评估的指标体系； 仓储管理能力：能够通过成本效益分析选择最优的储藏方式 配送管理能力： 能够建立良好的配送体系	信息的获取和处理能力；学习新知识、新技术的能力；计划、组织和实施的能力；发现、分析和解决问题的能力	具有健康的体魄和充沛的精力；具有自我管理能力和诚实守信的品德；具有自学和持续发展的能力
会计	能胜任企业、行政、事业单位的会计核算工作；能胜任企业、行政、事业单位的资金管理工作；能胜任企业、行政、事业单位的审计监督工作；掌握财会基层岗位基本业务的会计核算方法；掌握会计基本理论和专业知识；掌握审计理论知识和专业知识	计算机和网络应用能力；英语听、说、读、写能力；学习新知识、新技术的能力；分析与解决问题的能力	

四、经管类创新型人才培养方案的编制

专业人才培养方案是不同专业组织教学，安排相关教学任务，实施教学管理的根本依据，是确保人才培养规格与教学质量的纲领性教学文件，是人才培养模式改革的操作指南。

（一）指导思想

大学应该以立德树人为根本，将服务发展作为宗旨，将促进就业当作导向，围绕区域经济的产业转型升级与社会发展需求，服务人的全方位发展与经济社会发展，促进职业标准与课程内容的对接、职业资格证书与毕业证书的对接、生产过程与教学过程的对接、终身学习与职业教育的对接、产业需求与专业设置的对接。依照学院"专业加专长、技能加技巧、平台加模块"的人才培养总模式，编制出既顺应实际特色，又适应本区域社会经济发展的经管类人才培养方案。

（二）基本原则

1.主动适应经济社会发展需要

制定相关的人才培养方案需要进行大量的社会调查，重视研究与分析社会发展与经济建设中涌现的新问题、新特点与新情况，尤其要关注本专业领域与社会主义市场经济的发展趋势，努力促使人才培养方案独具时代特色。与此同时，需要依据教学发展规律，妥善解决好人才培养与社会需求工作的关系；解决好社会需求的多变

性、多样性与人才培养工作之间较为稳定的关系。

2.突出应用性和针对性

要以培养学生实践活动能力为主线，以满足社会发展需求为目标，来制订专业人才培养方案。基础理论教学通常以运用为目的，以够用、必需为度，把强化应用、讲清概念当作教学重点；专业课程教学需要增强其实用性与针对性。与此同时，应该促使学生获取相应的可持续发展能力。

3.体现"工学结合"要求，突出实践能力培养

（1）以完成工作任务为导向，遵循学生学习成长规律，构建课程体系。主干课程设置与职业岗位工作内容相吻合；课程编排顺序要与学生学习成长规律相吻合；专业实践教学要求与现行的职业岗位能力要求相吻合，应适度超前或超越现行职业资格标准要求。

（2）建立促使学生各项技能循序渐进增长的实践教学体系。利用实训基地，加强实践教学，推行符合"6+2"原则的理论知识与实践操作一体化教学；鼓励以行动为导向来实施课程教学，循序渐进地提高学生的能力。

4.渗透"人文、道德"意识，强化职业素养熏陶

（1）加强思想道德教育。以"有趣、有益"为方式，以学习者"动心、动情"为节点，实现培养学生健康人格的目标。

（2）倡导发散思维，不断培养学生的创新意识。提倡教育者在教学中不断鼓励学生提出大量解决问题的方式与方法；鼓励学生积

极参与竞赛以及社会实践活动，不断培养其创新意识。

5.构建四级课程体系

（1）校级平台课程。校级平台课程包括公共选修与公共必修课程，可培养学生健康的审美意识、正确的世界观、人生观、价值观、良好的表达能力，进而促使学生具有更加健全的人格、广博的见识与高尚的情操。

（2）学院的公共选修课程。学院的公共选修课程主要是指专业拓展课程，可培养学生的融通能力与专业拓展能力。

（3）经管类专业群的平台课程。专业群指由若干个相近、相关专业或专业方向共同组成的专业集群，是若干个工程对象相同、技术领域相近或专业学科基础相近的相关专业组成的一个集合。各专业具有相同的工程对象和相近的技术领域，反映在教学上就是各专业可以在一个体系中完成实训任务，同时有一些设备是共用的，有部分实验实训项目是相同的。含有专业群的平台课程具体有专业基础课程与专业主干课程，其内容需要反映出专业领域的新技术、新方法与新知识，为的是培养学生在复杂工作中作出正确判断并积极采取行动的综合性职业能力。

（4）专业方向的课程。专业方向的课程主要是指与众多工作岗位能力对应设置的课程，可培养学生的岗位适应能力与就业能力。

四级平台课程关系如图 1-4 所示。

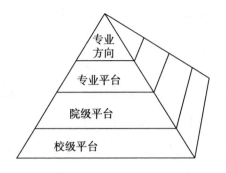

图1-4　四级平台课程关系图

（三）经管类创新型人才培养方案的编制要求

1.学时与学分换算标准及毕业要求

（1）16～18学时计1学分，每周实训按24学时1学分计算。三年制经管类专业课内总学时为2000±16学时，课内总学分110±1学分。

（2）各专业毕业要求的课外学分：经管类专业创新学分1学分、劳动教育1学分。

（3）经管类专业毕业要求的选修课程学分：校级选修课为2学分，院级选修课为3学分。

2.经管类专业群课程要求

专业群的平台课程具体有专业基础课程与专业主干课程，课程具体内容要展现专业领域的新方法、新知识与新技术，为的是培养学生在复杂工作中作出正确判断并积极采取行动的综合性职业能力。同一专业的群课程的学时和学分在各专业中应尽量保持一致，经管类专业应尝试在一年级开设学时学分相同的平台课。

3.理论与实践学时比例要求

理论教学具体有习题课、课堂讲授、课堂讨论等教学环节；实践教学具体有毕业设计（论文）、实验课、实训、课程设计、实习等教学环节。经管类专业实践教学学时不少于总学时的50%。

4.院级选修课门数要求

各学院院级选修课不少于20门，各专业不少于3门，每门课程不超过16学时，课程内容应有利于学生专业拓展能力和职业核心能力的培养。

5.证书要求

证书可分为必考和选考两类。必考证书即核心证书，原则上要求获得一种，必考证书须有核心课程支撑；选考证书可为多种，且有相关教学内容支撑，选考证书只供学生自愿报考；毕业资格审查或换发毕业证书时,选考证书可申请置换必考证书或置换相关学分。各专业在确定本专业资格证书时应参考最新版的《国家职业资格目录》。

6.素质教育要求

（1）加强说、读、写能力的培养。以召开小组讨论会、布置课外读物、撰写读书报告等方式为突破点，在教学与课程设计中最大限度地考虑学生说、读、写能力的练习，促使学生在之后的工作、社会交往与学习中，可以更准确与恰当地表达自己的建议和想法。

（2）加强职业核心能力培养。职业核心能力（职业沟通、团队合作、自我管理、解决问题、信息处理等）是学生在未来工作和生活中除专业岗位能力之外取得成功所必备的基本能力，在第一和第二课堂教学中必须加强职业核心能力的渗透培养。

第二章　基于人岗匹配的高校经管类专业人才培养模式构建

人岗匹配是指人和岗位的对应关系。每一个工作岗位都对任职者的素质有各方面的要求，只有当任职者具备这些要求并达到规定水平时，才能更好地胜任这项工作，获得最大绩效，从而助力组织的高绩效产出。人岗匹配的人才培养模式，是指学校用稳定的、具有一定规模的教学来满足企事业单位（用人单位）随机的和不均匀的定制化需求，是一种低成本、高速度的人才培养模式，尤其在充分利用计算机和网络技术的条件下，通过采用模块化、共享型的教学体系，能够促进我国教育资源和知识资源得到充分合理地利用，进而进一步促进人才培养效率的提高。在经管类创新型人才培养中，基于人岗匹配的人才培养模式更具指向性，该模式有助于解决我国高等教育中教学与实践脱节、供应和需求不匹配的问题，而且也能够在更具针对性的教育中促进学生创新能力的发展。

第一节　人岗匹配理论概述

目前，在社会生产不断发展的背景下，社会分工慢慢出现了，随之而来的还有人岗匹配问题。科学管理时期产生了最早的人岗匹配思想。韦伯、泰勒、法约尔三人在 20 世纪早期就提出了人岗匹配的观念。最开始提出这个想法，主要是想让职员在工作中实现贡献最大化，促使劳动生产率最大化。经过不断的实践，它得到了很好地推广、运用，有利于管理理论和实践的有效结合。

一、人岗匹配的概念

其实，岗位和员工之间的对应关系就是人岗匹配。虽然各个岗位的工作性质不同，但是所有岗位都会对在职者有素质上的要求。唯有自身素质达到规定的水准，任职者才可以将工作做得更加完美，才能实现效益的最大化。人岗匹配一共有两个含义，一是任职者具有岗位所要求的所有能力，也就是岗位找到了合适的人。二是任职者的能力十分符合岗位要求，也就是任职者找到了合适的工作。人岗匹配主体是"岗"和"人"，这里面的"岗"主要包含岗位设置、岗位要求两个方面，"人"指的就是某个人的任职能力。"人岗匹配"是根据"人适其岗""岗得其人"的原则，再结合每个人的素质，将他们匹配在最恰当的岗位上，这样一来就能实现"人尽其才，物尽其用"。

要想做到人岗匹配，要清楚三点：

第一点就是要知岗。人岗匹配的首要要素就是要清楚地描述和定义岗位。要想实现人岗匹配就必须知道岗位详细的任职条件、要求、职责，和这个岗位在解决问题时体现出的范围和复杂性。岗位分析，即针对所有工作要求进行详细定义和分析。对职员体能、智能方面的要求，主要取决于工作的任务与要求。

第二点就是要知人。人岗匹配还有一个重要的要素，就是精准界定胜任力标准。这里所说的"胜任力"，实际上就是指职工在岗位上取得更高绩效所需个人特质的总和。它一共包含六个方面：动机、品质、自我认知、社会角色、技能、知识。能力是一种比较稳定的个人特质，它大致上体现了人们在体能、智能方面的特征，个人工作表现主要取决于它。要把"胜任力"当作正确的培养人、选用人的标准，同时还需要考察人们所具备的能力素质符不符合岗位的任职要求。

第三点就是要匹配。想要做到"人岗匹配"，还要了解人并且善于用人。这一点十分关键，它会决定可不可以最大限度发挥职工的长项；可不可以在合适的岗位匹配合适的职工。只有掌握了这一点，才可以将人才都利用起来，减少人才浪费的情况出现。

构建人岗匹配模型的意义，不只是实现"人适其岗""岗得其人"，还在于在创新型人才培养过程中准确把握脉络，更有针对性地展开相关活动。

在创新型人才培养过程中，想要让"人岗匹配"起到比较积极的作用，就需要了解对人岗匹配造成影响的四点内容：第一点是是否关注团队风格、企业文化与员工的行为风格是否匹配，同时"人岗匹配"模型是否会迅速发生变化；第二点是有没有有效的考核方法去审核员工的能力，是否能达到岗位的要求和标准；第三点是胜任力和工作要求之间是否有关联；第四点是有没有对绩效标准、工作职责进行清楚地描述、划分。

二、人岗匹配的理论基础

（一）人力资本理论

在刚开始探索人力资源的时候，西方经济学就指出了人力资本观念。21世纪中期，经济学家舒尔茨在他创作的《论人力资本投资》中，将人力资本研究提高到一个新的水平线上。他觉得人的健康、知识、能力等资本提升之后对经济所产生的贡献要比劳动力数量、物质资本产生的贡献多。人力资本是展现人身上的技能与生产知识的存量。人力资本有可投资性、外在性、依附性、时效性、可变性等特点，人力资本理论给解决人岗匹配问题打下了理论基础。第一，它让我们知道了可以从人力资本的角度（包括健康、知识、能力等方面），来分析岗位和人是不是匹配；第二，人力其实是种资本，它要求在投资里得到回报，而实现人岗匹配就可以将投资回报率最大化，这不光对个人十分重要，对整个社会也是十分重要的；第三，人力资本理论表明，在进行人岗匹配的过程中，要将人力资本的报酬（实际上就是薪酬）当作匹配的一个要素。

（二）能级对应理论

这里出现的能级，其实就是人能力的大小。人们的能力不同，对应的岗位不一样，而且能力不同，岗位适应能力也不一样。所以，能级原理会先对人能力的不同表示认同。与此同时，能级需要按照层次划分，具备比较稳定的组织形态。这里指的是，组织内部的能级分布不是凌乱无序的，它应该是十分规律的。能级结构主要有不稳定、稳定两种形式。菱形、倒三角形、矩形等能级结构通常不太稳定，而比较稳定的能级结构是下大上小，主要是三角形结构。稳定的结构具体如图 2-1 所示。

图 2-1　稳定的能级结构

除此之外，能级理论还指出，每个人的能级并不是一成不变的，实际上能级具备开放性、动态性、交互性等特点。并且，每个人的能级必须与他所在的管理级次进行动态对应。在人岗匹配问题上，能级理论这部分基础观念提供了很好的理论支持。

（三）职业发展理论

1940～1949年，萨帕、金兹伯格等人提出了职业发展理论。经过不断地实验研究，金兹伯格总结出了会对个人职业选择造成影响的几点因素：价值因素、情感和个性因素、教育因素、现实因素。他认为，在进行职业选择时，人们最后通常会以妥协的形式结束。也就是说各种内、外部原因会对一个人的决定造成影响，而人们需要在影响职业选择的主要原因中找到平衡。萨帕认为，每个人的性格、能力、兴趣都不一样，人们会利用这些因素来适应各种职业。相反，不管人们从事什么职业，都要有一种特殊的性格特征、能力、兴趣。自我认知、工作环境、职业爱好、能力、生活环境等方面都会随着时间的推移和经验的积累而产生变化。所以，职业的调整和选择就变成了一个持续的变化过程。萨帕还提出，职业发展有创业阶段、探索阶段、成长阶段、维持阶段、衰退阶段，每阶段的发展任务都各不相同。

在职业发展理论中，个人职业的发展、选择被归纳到了人生整体的发展中来展开研究、调查，这样就可以构建起详细的指导方法体系与个人理论体系。这个理论清晰地指出人的职业选择是持续发展的过程，这一点有利于我们对人岗动态匹配展开研究。

（四）行为理论

克伦保茨等人将行为理论发展起来。这个理论提出，很多因素的交互作用会对职业发展造成影响，主要体现在工作定向技能、学习经验、特殊事件和环境条件、特殊能力与遗传素质等方面。个人在这几方面及其交互作用的影响下，基于经验的提炼、积累，经历了形成自我认识—世界观构成—工作定向技能—行动的结果这一过程。这个理论重点指出学习经验对职业选择的影响，对职业指导实践有很高的实用价值。

三、人岗匹配的模型构建

不一样的职位，工作难度、性质、方式、环境、条件各不相同，当然对任职者的心理素质、能力、气质、技能、性格、知识等方面也会有不同的要求。在人岗配置过程中，要按照员工能力水平（能级）、能力模式使他们与对应的岗位相匹配，要做到按能配岗，因人配岗，同时要按照岗位的职级（层次）、序列来选择对应的员工，做到因岗选人。另外，还要善于用人的长处，尽量避免人的短处，从而实现人乐其岗，岗得其人。

人岗匹配的重点，就是做到职级和能级的大体对应。如图 2-2 所示，这个模型比较简单地体现了职级和能级的关系。

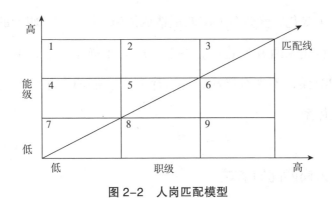

图 2-2　人岗匹配模型

在图 2-2 中，横坐标表示的是职级层次，从低到高，而纵坐标表示能级，也是从低到高。两者之间有九种配置关系。这里，只有匹配线通过 3、5、7 的时候，职位和能力才是完全匹配的，剩下的六种情况要么是能力和岗位不匹配，要么就是不完全匹配。通过分析可以看出，第 6、8、9 三种情况表示任职者的实际能力还没有达到岗位的要求。所以，就算任职者再努力、再积极，也会出现"心有余而力不足"的情况，而这样一来就没办法完成人岗匹配。第 1、2、4 三种情况要求任职者具备的能力超出岗位要求，任职者的能力可以胜任岗位，并高于岗位要求，就是匹配的。但是，从组织人力资源整体配置方面来看，这样会造成人才的浪费，也会对任职者创造力的发展、主观能动性的调动造成很大的影响，进而导致任职者的工作态度不积极。

不过，上述模型总结的是十分简单的状况，真实的情况要比上面所述复杂得多。第一，站在人的角度来看，就算不参考体质、性格、气质等个性化的因素，能力结构也有许多方面，这里面只要有一个方面发生了变化，就会对人岗匹配造成影响；第二，任职者的能力、素质、岗位是一直在变化的，并非一直处于静止状态；第三，在设置岗位的时候，不光有层次，还有序列，它们两个相结合会产生多维的职位体系。

四、人岗匹配的形式

人岗匹配主要有以下几种形式：

（一）全面匹配

全面匹配是最完美的匹配方式，可让岗位和人相得益彰。如果岗位设置十分恰当，相关工作内容即可得到充分落实，任职者的潜力、能力也可以发挥到最大，任职者的身体状况、道德水平、个性、气质等都将与工作十分相符。在工作过程中，任职者可以感受到乐趣，还能产生"自我实现"的感觉。全面匹配是非常难做到的，但是这种形式是从业者与人力资源管理者想要实现的状态。

（二）能力匹配

通常来讲，岗位会对从业者有许多方面的要求，其中最主要的还是能力，如果能力可以达到职位的要求，就能够实现人岗匹配。能力的匹配，主要包含综合能力匹配、技能匹配、智力匹配。

在能力匹配中，有比较独特的情况，那就是能力富余，实际上指的就是能力比岗位要求要高。这种情况的任职者，在工作的时候会出现"小菜一碟""游刃有余"的情况。严格来说，其实这种工作能力和岗位并不是十分匹配，但从工作的完成情况来看又基本上没什么问题。所以，我们就把这种情况看作匹配。为什么会出现这种情况，实际上有三个原因。第一是组织里人力资源配置得比较好。在这样的情况下，要对岗位做出调整，具体可以稍微增加岗位的难度，也可以提供一种比较公平的工作环境，来增强任职者的成就感，不然就会有任职者不专心工作、人员流失的情况出现。第二个是人力资源的配置不太好。例如，一些公司缺少人才，但他们不招纳人才，而让能力高的人去完成一些比较简单的工作，这种情况就需要针对人力资源的一些规定作出改变。第三个是在最开始的时候，任职者跟岗位还是十分匹配的，但是随着时间的流逝，任职者的经验在不断地积累，能力也慢慢提升，而对于原本岗位上的工作，其能力就变得十分富余了，一般在这种时候公司就需要对任职者的岗位进行调整。

特殊能力过剩也是能力匹配中非常特殊的情况，而特殊能力就是指完成一些特定活动相关的能力，比如：协调性、曲调感、节奏感。具备这项能力的人，通常都会有一些绘画、书法、体育、文艺等方面的才能。通常来讲，他们只能在以这部分才能为具体工作内容的部门工作。但是，这部分才能在公司里很难进行岗位匹配。不过，一部分公司有时会构建文化，要是能有效使用这些能力，也可以实现相应的匹配效果。

（三）知识匹配

人们受教育的情况、知识储备，对他从事的岗位起着决定性的作用。知识匹配，实际上就是一个人所具有的学识，特别是专业知识，可以达到岗位的需求。在中国，专业技术职称、学历会体现一个人的专业知识情况。伴随着教育事业的不断发展，人才供不应求的情况慢慢得到了很好的解决，同时社会更加重视人才的专业技术水平、学历，另外专业分类、社会分工也在不断地发展，人才的专业能力、学历也在慢慢提高。所以，知识匹配变成了人岗匹配的一个要素。不过，在重视知识匹配的同时，也不要忘了对知识和"唯文凭论"进行区分，另外在不断提高对职称、学历的整体需求时，还要将一部分未接受过正规教育，但具备操作能力、组织需要能力的人才有效利用起来。

（四）经历和经验匹配

在进行人岗匹配的时候，任职人员的工作经验、经历十分重要。如果任职者有过一些经验和经历，那么他在适应岗位的时候，就会更快一些，同时他也能帮助公司省去培训的费用、时间。通常来说，一个公司在分析任职者的经历、经验是否和岗位匹配时，要根据情况有所区别。具体操作岗位要重视经验；高层级、管理的岗位要重视经历。不过，在选择这两方面人才的时候，都需要重视人才跟岗位的相关性。如果任职者的经验、经历跟岗位没什么关系的话，就无法促进人岗匹配，当然有时候思维定式，也会对匹配结果造成影响。

如果人才经历、经验和岗位具有相关性，那么其经验越丰富，就越有利于促进人岗匹配。这里需要注意的是，经历要适当，要是一个人频繁地换工作，经历十分"丰富"时，人力资源部门也需要分析这个人是不是在人际期望值、关系、个性等方面有缺陷。要是真的有这些情况，在选用和匹配岗位的时候，就需要多注意了。

（五）性格与气质匹配

某些岗位在气质、性格方面也会有一些特殊要求，这个要求还可能会超出能力的要求，这种时候的人岗匹配主要就是能力、气质上的匹配。例如，党群部门、保密部门、文艺部门，就对气质、性格有特殊的需求，这样就要根据岗位特点来匹配人员。

（六）道德匹配

还有一部分岗位，对道德要求较高，例如，新闻记者、公务员、法官，等等。要是他们的道德水平不高，那他们的能力再好，也无法进行人岗匹配。通常来讲，在组织内部岗位的层级越高，对道德的要求就会越高。

（七）体能匹配

将工作做好的前提，就是要有一个健康的身体。随着社会的不断发展，人们的工作节奏变得越来越快，压力也相应地变得越来越大，这样一来，对精神、身体的要求也就变得越来越高。因此，重视体能匹配不仅是一部分体力劳动的特殊要求，还是针对所有岗位进行人岗匹配时提出的共同要求。在一些组织里，竞争力越大、管理层级越高的岗位，对人才承受力、忍耐力、体力、精力方面的要求就越高。所以，人岗匹配需要将精神状况、身体状况、心理、生理等方面纳入考虑范围。

第二节　高校经管类专业人才培养模式

一、工学结合模式——现代学徒制

在校企合作的前提下进行工学结合人才培养，主要指的是两者从教学质量评价、实习实训、课程设置、专业设置等方面进行双向沟通，共同育人。现代学徒制的工学结合模式在实际应用时强调师傅与徒弟一对一教学，在很大程度上提高了实践的效果，对企业来讲也省去了很多入职培训的时间。这样的模式，不但可以提高学生的职业能力，还可以给企业用人打下坚实的基础。在高等院校中，现代学徒制是增强人才培养能力的有效方法。

（一）现代学徒制人才培养模式的内涵

目前，现代学徒制是普遍使用的一种教学模式，在实际运用中也是一种很有竞争力、具象化、专业化的高素质人才培养模式。目前的学徒制其实是一种企业本位模式，也就是以企业为主体，学校踊跃参加，政府进行指导，以确保总体教学效果。学校在与企业共同办学的时候，要努力提高学生对真实岗位的适应能力，建设企业情景，使学生体会到自己的价值、作用。所以，企业通常在学徒培训中起主体作用。当然，企业也就有责任将学生（学徒）、政府、行业协会、职业院校等参与主体紧密联系起来，全方位地提高教育质量，促进学生进步，满足自身用人需求。

（二）经管类专业现代学徒制教学的类型

工学结合在我国高校经管类部分专业的教学中取得了不错的成就，这也是目前我国经管类专业实行的主要教学模式。根据多年来对高校经管类专业工学结合教学模式的研究可知，我国经管类各专业现代学徒制的教学模式包括以下几种类型。

1.经管类专业学生进企业学习

这种教学类型能够保证经管类专业学生在学习的过程中，实现理论知识与实践操作技能的结合。开展这种教学模式的前提是企业必须有相应的教室，挑选企业相关岗位的技术骨十，对经管类相应专业学生进行企业文化和专业理论知识教学，同时要选择具有丰富经验和专业技术骨干担任学生实训课堂上的指导教师。为了保证学生在企业参加教学期间的安全性，学校要派遣班级辅导员对学生的日常生活进行管理。

2.学校办企的教学模式

学校办企的教学模式，就是学校根据人才需求情况和本校的实际情况，创办具有较强岗位针对性的企业，或者与其他企业联合办企。这种教学模式能够根据学生需求和职业教育目标要求，充分地调动学校和企业的资源，所以具体到经管类各专业，学生即可以在学校创办的或者与其他企业合办的企业中，最大限度地接受企业文化的浸染和熏陶，接触到真实的企业环境。这样，学生在学校既可以进行学习活动，也可以参与企业实践。在教师资源建设中，学校可以打造"双师型"教师，使学校的教师既具有丰富的经管类专业实际训练和管理技术，也拥有丰富的教学经验和过硬的专业知识。

3.工学交替的教学模式

工学交替也是目前我国高校经管类部分专业学生培养过程中应用最多的一种教学模式。工学交替的教学模式是由学校出面，寻找具有经管类专业针对性并且有一定实力的企业，作为高校培养"职业能力较强的经管类专业人才"的合作对象。在经管类各专业学生培养过程中，可采用交替式的实习方式，分时段安排经管类专业学生到企业参加实训，每次实训不超过6个月，而且学生也可以在寒暑假的空档到企业进行实习，这样的工作和学习交替的教学模式，显然有利于经管类专业学生紧密连结理论与实践，有利于经管类专业学生的职业素养的提高，有利于他们对理论知识的理解和应用。

二、产学研合作模式——"订单式"人才培养模式

实际上，产学研合作模式的推行就是为了让教育者、用人单位、受教育者一起参与到人才培养的过程中，同时把科研工作、生产、学习巧妙地结合在一起。推行产学研合作模式不但可以保证研究工作，刚好能满足企业发展的真实要求，还可以确保教学工作的有效性、针对性。在实际的运用中，这个模式可以把各个院校的科研力量变成企业技术方面的积累，同时还能利用科研项目促进教学、教育工作的进行。与此同时，在教学中企业的需求可以直接体现，同时其可以帮助学生了解目前市场上的专业技能，让学生进行很好地实践，给他们提供创新平台。但是，现在的很多学校还是以"订单式"为主。

根据企业的真实发展需要，学校会有针对性地输送一些人才。产学研合作模式在促使教学方式变得更加丰富的同时，也为企业获得人才创造了新渠道，这是双赢的一种方式。与此同时，在此模式下，不仅可以促进学生迅速适应企业的生产环境，还可以培养他们处理问题的能力，这也是一种将适应期变短的方法。另外，在这样的合作模式下，企业的研发能力得到了提高，而且其所接纳的后备人才，为企业日后的发展、竞争奠定了坚实的人才基础。

（一）"订单式"人才培养模式的内涵

企业按照岗位目前的制订人才需求计划，并把它们变成相应的订单，然后学校结合订单努力培育高端人才，还要保证人才数量、人才质量等符合企业的需求，这就是"订单式"人才培养。"订单"

中有"订技能""订知识""订数量""订人员"。"订单式"培养模式其实就是，企业根据生产经营情况，跟学校沟通人才培养的具体计划，然后学校就可以设置教学内容、优化教材、组织课程安排等。在这个模式中，企业对人才的需求充分体现了出来，人才培养模式持续完善。在这一过程中，学生由企业基础操作开始，慢慢步入科研范围。推广、运用这个模式，可为学生、学校、企业三方共赢夯实基础。在我国市场经济环境下，这种模式是全面提高职业教育综合水平的必经之路，对提高、优化社会人才供给水平与整体教育水平，起着十分重要的作用。

"订单式"人才培养体系，具有以下五方面的内容。

（1）企业全程参与"订单"培养。在进行"订单式"人才培养活动时，企业将自己的作用充分发挥出来。从根本来看，这种培养模式和传统方式在本质上有很大的不同。学校、企业会针对人才培养计划展开全面交流，一起制订发展方案。企业通常会参与到教育资源分配、学生选拔等活动中。对学生能力进行全面、多角度评估之后，就可以将部分符合要求的学生引荐到企业，负责相关工作。此外，在学校时，企业也会给学生创造一些定向实习的机会，并对他们的工作进行针对性指导。

（2）双方深度合作共同培养人才。给企业提供他们所需要的人才，是"订单式"人才培养的目的。所以，企业要在一些发展阶段给出相应的支持。学校运用多元化的优势资源，结合每个学生的情况，努力将他们培养成高端人才，同时企业在这个过程中进行协助，通常会给出一些实习场所（其中有实习设施），为学生创造一些实习的机会，全面增强他们的动手能力。在这个过程中，企业还能让一些比较好的技师来指导学生，同时使用所有的资源，为完成人才培养目标提供优秀的基础条件。

（3）"订单式"人才培养针对性特别明显。学校按照企业给出的人才订单，有针对性地制订人才培养计划，保证他们可以符合市场发展需要。其实，"订单式"人才培养形式也就是按照企业需求展开人才培养活动，保证有关发展目标得以实现。实际上，要把就业当成方向，将人才的能力视作重点，进行"订单式"培养，充分发挥出产学研合作发展的优势效用。

（4）企业安排合格毕业生就业。其他人才培养形式和"订单"培养形式最大的区别在于就业。如果参加"订单式"培养活动的学生的能力可以满足企业的需求，同时他们还能完成学校的各项考试，企业就会为他们提供相应的岗位。

（5）学生始终发挥主体作用。在进行"订单式"人才培养活动中，主要有学生、学校、企业三方参加。在签订合同的时候，要充分考虑学生的想法。如果没有关注到学生的想法，他们就会出现消极情绪，这样一来就会在很大程度上影响人才培养的效果。

（二）"订单式"人才培养模式的组织实施与运行机制

现如今，我国很多学校（特别是高等院校）经管类专业与企业建立了"订单式"关系，而且在合作过程中一直会按照社会对经管类专业的要求进行教育改革活动。

截止到现在，我国很多高等院校经管类专业已和企业实现了"订单式"合作，而且他们的合作开始慢慢地向其他领域拓展。现在，高等院校经管类专业的就业率一直在提高，高等院校经管类专业学生也实现了零距离就业。

在使用"订单式"人才培养模式过程中，要不断总结模式运行管理经验，不断优化校企合作。在教学体系中采用灵活组班、课程嵌入等运行机制可为其他专业企业参与下的人才培养模式创新和实施提供可供借鉴的元素。企业和高校可以根据双方的情况及特点，持续创新教学模式、完善教学内容，共同优化经管类专业相关职业培养模式。

1.双向选择

其实，双向选择就是企业和学校间的互相选择。企业主要是按照经管类专业学生的具体情况、学生的素质、各方面的要求进行选择，学校主要是根据企业的需求和学生的想法来进行选择。完成双向选择之后，就要建设"订单班"，而组建"订单班"需要征求家长、学生、老师的同意。它跟实物流通中订单的区别在于，它只出现在企业与学校完成订单协议之前。在"订单班"实施过程中，学校起主体作用。企业和院校在组建"订单班"的时候要先保证双方的利益，而且为了确保"订单班"在进行时的有效性，还必须重视学生的想法和他们要实现的目标。校企合作的"订单式"教学必须强调高校学生与企业之间的双向选择，促使学生、院校、企业三方共赢。

2.联合培养

在"订单班"这个前提下,由企业和学校里经管类技术性、专业性人才构成领导小组,进而按照院校的教学特点、条件以及企业对学生技能、知识方面的要求,研发、建立培训课程,之后一起完成经管类专业"订单班"的教学任务,这就是联合培养的含义。在针对经管类专业学生进行培训活动时,企业中经管类部门的骨干人才主要承担企业文化、各部门实际操作技能的指导工作;高校经管类专业教师,主要承担文化理论课程教学工作。学生参加联合培训教学活动并考试合格之后,就可以到企业直接工作了。在"订单班"培养活动中,学生能利用实训、放假机会到企业进行实习,企业可以给学生提供一些学习、观摩的机会,同时还可以让他们参加一些企业的活动。为建立"双师型"教师,相关负责人、企业各经管管理人员可以经常到学校展开经管类教学动态分析,明确企业对这类人才的要求。同时,专业培训教师要到企业中去顶岗实践,积累经验。

3.灵活组班

灵活组班,主要是在企业参加的基础上建立经管类专业人才培养模式中的"订单班",它的建立方式比较灵活,而且这个班中学生的学籍管理还是用之前的方式。对这部分学生来讲,他们只是在参加订单里的一个活动。院校会给"订单班"分配专职负责人,也就是班主任,这个班的管理和各种关系都是由他来负责。通常来讲,"订单班"相关活动双休日进行,其他时间学生正常去上课。这种教学形式可以协调学生在培训时的各种关系，有利于经管类专业学生达成教学目标，并推动"订单班"教学活动的开展。

4.课程嵌入

课程嵌入，意思就是在不影响其他重点课程正常开展的情况下，按照学校培训的时间表，在课余时间自主开展以经管类专业核心技能培训为基础的培训活动。所以，订单培训课程一直以独立课程的形式出现在经管类专业学生培训中。将其纳入重点课程培训体系具体可以参考下面三点内容：第一，在培养"订单班"学生时，可使用嵌入式方法，且"订单班"人才培养与核心技能培养不冲突，因此可以在课程中灵活嵌入培训；第二，"订单班"培训内容主要基于核心技能培训、专业理论文化课程，并结合企业对人才的需要来创建；第三，核心技能、基础理论知识培养活动通常与"订单班"培养工作一起实行。

5.启发引导

启发引导，实际上就是教师根据学科专业知识特点，指导学生进行讨论研究活动的一种方法，这种教学方法的实施步骤如下。

第一步：提出问题。根据所要探寻的理论知识或者专业技能的特点，经管各专业教师针对所研究的内容提出相应的问题。这种问题的提出首先应该遵循满足经管类专业需求、有研究价值、利于学生分析和讨论的原则。

第二步：引导思考。所提问题一般要有对学生进行专业知识技能指导和教育的作用，同时教师要在学生思考的过程中作相应的引导，使其能够深入地研究经管类专业的理论知识或岗位技能。

第三步：学生讨论。讨论是解决问题的根本途径，经管类专业学生对教师所提出的问题进行讨论的过程，实际上就是思考的过程，是掌握知识的过程。讨论能让学生积极地发表自己的观点和意见，提高学生研究问题的积极性。

第四步：教师总结。教师总结是对学生讨论结果的研究和评价，学生经过自由讨论之后，需要的是教师的肯定、认可以及批评、指正，而教师的总结能对学生的观点进行修正。教师在总结学生讨论结果的时候，所用到的鼓励性的语言会对学生产生一定的激励作用，有利于经管类专业学生学习兴趣不断提高。

第三节 基于人岗匹配的高校经管类专业定制化教学体系构建

一、基于人岗匹配的人才培养模式的概念

基于人岗匹配的人才培养模式具有高效、低成本特点，不仅可以节省教学成本，让教育资源被完全利用起来，还可以让学校对学

生进行个性化教育。在人岗匹配的基础上，再结合先进的网络技术、计算机，运用共享型、模块化的教学体系，有利于我国知识资源、教育资源被充分运用，还可消除高等教育里出现的需要和供给不相符、实践与教学相脱离的情况。

人岗匹配的人才培养模式和传统模式相比较，具有显著的有事。

（1）检验教育质量的标准不同。人岗匹配的培养方式在检测教育质量、学习质量的时候只有一个标准，那就是"客户满意原则"，而且这种培养方式中的评价方法各种各样。这就意味着，学校的教育质量、人才质量主要取决于受教育者本人的评价、企业的评价。传统培养模式在进行相关评价活动的时候，标准很单一，如学校通常以成绩为标准。

（2）人岗匹配的培养方式具有柔性化的特点。学校给企业培养指定人才，就是传统的人才培养方式的重点。目前，社会呈现出了动态化、复杂化特点，因此企业对人才的需求也展现出了动态化特点，这就需要院校制订出可以适应各种企业的人才培养方案。除此之外，人岗匹配这种培养方式还要具有针对性，可以让每个学生按照自身的特点使用合适的学习方法，合理安排学习进度。所以，柔性化也就变成了定制化教育的重要特征。

（3）人才培养指导思想不同。传统的人才培养模式下，培养人才最关键的是学校，学生、企业基本上无法参与其中。企业只能基于学校给出的专业目录挑选合适的学生，但是这一部分学生在正式工作以后需要用很长的一段时间去调整自己的状态。他们需要将学校与岗位无关的教育内容遗忘，再学习符合企业发展的内容。学校需要站在学生、企业的角度，为了达到他们的要求设计、安排教学计划。

（4）在进行人才培养实践时，企业、学校、学生的作用和地位各不相同。在传统的人才培养模式中，主体往往是学校，而且在教学方案、学习方式、学习内容方面，学生和企业几乎没有发言权。但是，人岗匹配的培养模式不同，院校为了让学生符合企业的要求，在进行人才培养时会让各用人单位参与其中。企业如果急需人才的话，也会积极地参与进来，如制定教学大纲、安排授课内容、评估教学质量、学生的中途实践、参与学生毕业后的工作安排等。在此过程中，学生会拥有学习的快乐、自由，还能按照自己的喜好、特长来设计、选择学习进度与学习内容。

如今，我国即便有了人岗匹配相关用人、选人的探索方法和思路，但还没有规范的应用型成果和理论体系，人岗匹配相关实证研究也非常少。特别是随着经济的发展，各大院校的高水平人才队伍得以跨越式发展，但还未出现规范的人岗匹配制度来进行对接。

二、基于人岗匹配的高校经管类专业的定制化教学

（一）定制化教学的内涵

1.定制化教学的概念

院校用规模、稳定的教学，来达到各用人单位个性化的定制要求，

这就是定制化教学的含义，在定制化的高等教育里，要对各个学生、各个学校需要的相同、类似的教学内容进行整理，构建共享型、模块化的教学机制，而在这个前提下，各个院校就要针对学生的不同情况，展开定制化教学活动。

2.定制化教学的形成背景

目前，随着科学技术不断发展，商业环境变得更加复杂，市场随之发生了变化，客户的要求也变得更加个性化、多样化，同时产品、技术的生存周期也变得越来越短，社会对人才的需求也体现出了更强烈的个性化、多样化。更多的企业，不光要求学生能够在短时间适应工作，达到企业的要求，还要求其拥有很高的综合素质和专业化水平。这就意味着，市场对人才的需求，从之前的大批量、少专业，变成了个性化、多专业。用人单位已不再通过专业目录来挑选人才，而是让各大高校按照企业的需求来培养学生。随着经济全球化的发展，不仅用人单位对人才的需求变得更加个性化、多样化，而且因为人力资本的影响，教育有了更高的要求，教育慢慢变得产业化。在这个情况下，各个学校之间已经慢慢出现了竞争。在需求、竞争的影响下，学校将会从事业模式转变成企业模式，而且学校必须要了解企业经营的方式，这样才可以满足企业的需求。

我国高等教育要创设出高质量、低成本培养个性化、多样化人才的方法，就要努力推动高等教育的定制化进程，不再局限于教师的特长、经验，冲破学科体系、学科门类的限制。应该把职业需求、经济发展当作目标，在职业分类这个框架下，从社会调研入手掌握用人单位、社会需要的职业能力要素，还要知道这部分要素呈现的技术应用能力、理论知识，才能做到教育定制化。如今，我国的一些院校已开始使用企业定制化的经营理念，并努力研究教育定制化的模式。就目前情况来看，以学生为客户的个性化教育、以企业为客户的订单教育等正在不断发展，这就是高等教育未来发展的新方向。

高校在我国被称为"象牙塔"，而要想实现教育定制化，就要让学校走出"象牙塔"，面对客户、市场。要是无法突破封闭式教育、精英教育的观念，那高校就没办法从传统教育模式中走出来。所以，想要进行改变的话，观念的改变是最重要的。学校要建设客户内部化理念，其实就是让组织适应各种环境，同时让环境融进组织，完成环境的内部化。一般影响环境的主要因素是客户，因此客户内部化是环境内部化的关键。详细来讲，客户内部化，就是企业基于各种程度、方式、角度，把客户放入企业的内部，让客户不只是消费者，还是生产者，还有可能担任企业内部的一些职能。它是客户导向的比较先进的一种形式，是定制化管理的发展、深化。因为客户内部化更好地处理了组织决策中产生的信息不对称问题，能协助掌握客户需求，让需求、生产、消费更好地结合在一起，所以它可以让客户满意。因为高等院校的客户、产品、加工过程具有特殊性，所以理念在高等院校的定制化管理实践中，得以有效实施，所以客户内部化的方式获得了广泛的认可。在定制化教育模式里，主要把企业当作客户，而高等院校会结合企业的需求，和企业一起规划专业，一起进行教学工作,一起制订教学计划、目标,同时企业可以选择"订单班"的学生;在定制化模式中,还会把学生当作客户,进行有针对性的教育,同时学生在课程、专业上也有了选择权,学校同意让学生自己选择进程、教师、课程、专业。这几个方面都反映出了客户的参与程度,它们是客户内部化理念的具体化。

3.互联网背景下定制化教学的新内涵

现有的定制化教学主要指高校基于相应规模的教学实践,来满足各个企业的需求,而这种方式十分高效。不过,这种定制化教学满足的是用人单位的需求,并不是学习者的个体需要,不能适应高校教学的新发展。

随着"互联网＋"的出现,定制化教学就要结合先进的网络技术、信息技术,进行模块化建设。

在"互联网＋"的基础上进行定制化教学,就要将互联网技术当作主要技术,并在高等院校的教育中运用起来,解决传统教学中的问题。这种形式的定制化教学,包含由微观课堂到宏观教育体制的变革。从宏观角度来看,高等院校的定制化教学在互联网技术的基础上,对学生展开全面的诊断、评估、分析、调查,把将来社会发展的方向、目前社会发展的需要当作依据,把学生的价值取向、潜力当作主要目标、要求。学校可以在教师和技术的辅助之下定制适用于学生的教学方案(其中包含课后辅导、教学资源、教学评价、教学计划、教学目标、教学过程、教学内容、教学方法等方面),同时还要整理高质量的教育资源,从智能开发、创新教育、专业教育、素质教育等方面评估与培养学生的价值观、态度、能力、情感、思维等。这样一来，学生就能实现个性发展与自我价值，进而可以幸福、自由地发展，提高创造力和智慧。换个角度来说，这种定制化教学是定制教学体系的具体应用，主要表现在对校际、校内资源进行整合，为学生创造整合化的高质量资源，完成资源的模块化分装，以及满足学生个性化需求的教育服务中。

（二）定制化教学系统构建

1.定制化教学系统设计思路

在高等院校中，实行定制化教学最关键的变化是教学活动的主体从有关教师、部门、学校等变成了学生，学生可以决定其开展、设计，所以"互联网+"基础上的定制化教学模式，跟传统的教学模式在流程、设计思路上有些区别。详细设计思路如图2-3所示。

传统的定制化教学往往停留在学生技能训练方面，重视企业有什么需求，但它不是真正的定制化教学，而且随着"互联网+"的出现，定制化教学想要做到"以学生为本"，就需要庞大的教育资源、教育技术的支持。

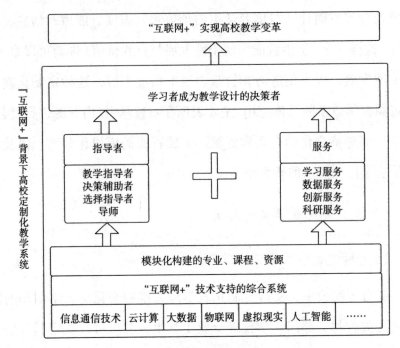

图2-3 定制化教学设计思路

随着"互联网＋"的出现，高等院校定制化教学设计就需要人工智能、大数据技术、物联网、云计算技术、信息通信技术等提供支持，同时高校还要在互联网的基础上建设"互联网＋"学习新系统、智慧校园。随着互联网技术的不断发展，其使用需求不断增大，这导致智慧学校也要一直优化，而且在这个时期的定制化教学也要在智慧校园上面展开。在先进技术的基础上，智慧校园给教师、学生创造了可以进行智慧教学、智慧学习的平台，而在这个平台上，学生可以优化学习形式、教师可以优化教学形式。这样一来，高等院校就完成了在服务、管理、科研、教学方面的创新。"互联网＋"学习系统的重点，是在教学过程中利用技术掌握教学流程、教学要素，让信息化教学设计变得更加数据化、科学化，进而在技术的基础上完成对教学空间的再次改造，完善教学平台。

在"互联网+"学习系统基础之上，要利用对原有资源的重构、分类，完成资源整合和模块化建设，对资源、专业、课程等进行再次建设，使其变成更方便学生组合、选择的模块。

教师了解和掌握学生的基本情况之后，可以基于自己的教学经验、智慧变成学生的辅助者、选择的指导者、教学的引导者。"互联网+"学习系统平台会满足学生的所有需要，提供学习服务、科研服务、数据服务、创新服务等，让学生们有选择的空间，变成合格的、科学的决策者。

服务、平台、学校、资源、技术等所有元素组合，形成了高校进行教学的基础，而且在基于互联网的定制化教学中出现的设计思路，让学生拥有了自主决策和自主选择的权利，可以让学生为幸福生活、全面发展做出选择。

2.定制化教学系统设计

（1）学习者评估。在"互联网+"时代，高等院校定制化教学，使用的是学生选择的方式。如果学生对自己的思维特征、能力结构、认知框架、知识结构、爱好、个性倾向等没有清楚的认知，他们就无法做出准确的、可以促进自己全面发展的决策。按照多元智能理论来讲，每位学生都有属于自己的智能优势，所以为了能让每位学生都充分发挥出自己的能力，教师和学生就要对学生的智能进行深入了解。与此同时，在调查的时候了解到，有一大部分学生对自身的情况都不够了解，不清楚自己有哪些能力。所以，学生就要在科学技术基础之上，完成对自身情况的掌握，同时在教师的引导、协助下进行评估，构建个体模型。详细过程如图 2-4 所示。

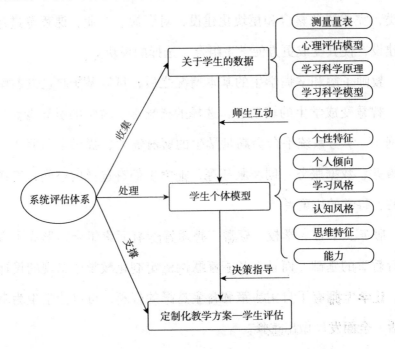

图 2-4　学习者评估过程

在科学技术基础上，起初可以利用跟随式的数据跟踪采集与学生有关的数据，进而运用数据分析、数据挖掘等技术，深入分析学生的认知框架、内在机制等。与此同时，可通过测量量表、心理评估模型、学习科学原理、学习科学模型等，对学生的个性特征、个人倾向、学习风格、认知风格、思维特征、能力等进行测量，并整理结果，最后促成基于学生选择、数据、量表的学生模型。在系统里，学生个体模型整合了有关学生的所有信息，在最大限度上体现了学生的知识结构、思维特征、个性倾向、能力结构、认知框架、兴趣等。在学生完成个体模型的构建之后，教师要利用智慧、经验，对学生的评估、评估结果给出自己的分析。一切教育的重点都是选择合适的教学内容，让学生的"思"走向事物的本源。所以，一定要重视学生的个性特征，并根据这个特征选择"完美的教学内容"，从而促进学生的发展。科学化、数据化的评估以及将教师的经验、智慧跟评估结合在一起，可以让学生有更准确的定位，而这是进行定制化教学的基础。

（2）专业选择模块。高等院校按照学科体系的内部逻辑、社会专业分工划分专业，而高等院校根据专业来进行教学。在教学时，学生选完专业之后就会正式进行专业学习。在"互联网+"时代高等院校定制化教学中，专业选择要灵活、有弹性。要按照教学系统里形成的学生个体模型，为教师、学生提供在平台数据匹配基础上产生的专业选择集合，为学生创造几个适合他们的专业选项。在这个前提下，教师可以利用智慧、经验、对专业的把握、对学科的把握，给学生提出一些建议。最后，学生可以结合选择倾向、爱好等，决定自己要学习的专业，并正式学习专业知识。要多给学生几次选择的机会，以便于学生选到更适合自己的专业。与此同时，学生和教师之间的沟通、学生的思考、学生选择的过程都会被平台记录下来，这一部分数据对学生的个体模型起到了数据补充作用。这会优化学生的整体数据，为将来的教学提供数据支持，具体如图 2-5 所示。

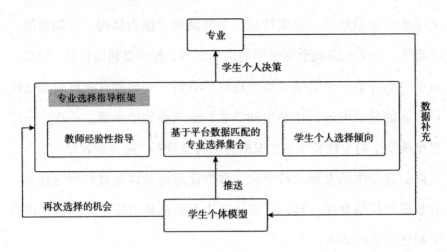

图 2-5　专业选择流程

不过，专业定制不仅可以选择专业，还可以进行时间定制，也就是说学生能按自己的想法结合平台给出的数据进行选择，也可以根据自己的时间进行选择，从而科学规划自己的学业，变成自己学习的主人。与此同时，还需要把专业选择空间扩大，让学生在相应的范围内进行多次选择，这样就可以满足每位学生不同的专业选择需求，从而实现专业定制化。

（3）课程模块设计。对课程进行模块化的划分、集中整合，同时在专业选择、数据分析的基础上，系统向学生出示一系列的课程选择，那么学生就可以在教师的帮助下，再根据自己的选择倾向、平台的建议来选择课程。具体参考如图 2-6 所示。

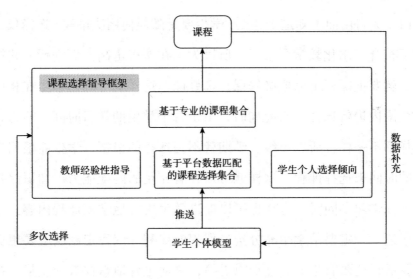

图 2-6 课程选择流程

①课程模块的划分。要重新构建、整合课程，把课程划分成多学科整合型课程。如通识课程、职业课程、专业课程。通识课程是比较基础的课程，属于预备性课程，是学生进行其他方面学习活动的基础，而且在信息化时代它还是教学中重要的组成部分。通识课程要重视发现、开发每位同学的个性和潜质，为学生的个性化发展打下坚实的基础。专业课程是学校教学的重点，因为学校培养优质人才的重点是培养专业能力、教授专业知识，而要想实现这些重点就要有专业课程。职业课程目标是让学生适应社会发展的需求，跟上时代的发展，因此培养实践能力是重中之重。实施、建立多学科整合型课程，不应该把学科当成划分课程的根据，而要以科学技术为基础。

②课程与学业制度。为了更好地实施定制化教学，不可以让学

生由于太自由而不知道干什么，学生要是随便使用决策权、选择权，就不符合定制化教学要求了，所以为了在课程定制方面进行一些控制，就要把课程细分成必修课、选修课，这样就可以让学生在相应的范围内进行选择。与此同时，由于每个学生的学习时间、能力、选择都不一样，所以年级、学期就不是选择的根据，学生能根据自己的时间来选择课程，这样就可以在有充足的匹配能力、知识储备时展开学习。同时，这样也可以促进学生更好地掌握课程内容。综上所述，一定要给学生充分选择课程的权利。课程定制制度要想更加灵活，还要有学业制度加以支撑，进而更好地掌控教学质量。在各个课程中，可设置学分，以学分的形式来展现课程的重要程度，进而促进学生选择课程。与此同时，因为在选择课程时时间具有不确定性，所以用学分来体现学生的学习情况，能给学生创造更好的选择机会，实现课程定制化。

③课内、课外相结合的教学模式。目前，高等院校必修课占总课程的 60% ～ 70%，而剩下的选修课占总课程的 30% 左右。所以，高等院校在进行定制化教学的时候，要深入了解学生的课外学习时间，同时要在学生重点课程不被影响的情况下，增加他们的课外学习时间。这样一来，学生在掌握重点课程的同时，还能发挥自己的智能优势。所以，在设计定制化教学系统的时候，一定要强化课外学习资源的开发、建设，让学生有更多的选择、更多的课外高质量学习资源，这样在确保学生核心课程不受影响的情况下，还可以满足学生个体发展的需要。

（4）资源模块设计。

①资源选择流程设计。在各项技术迅速发展的背景下，要对高质量的教育资源进行整合，构建云端提取、保存的高质量资源库，为学生创造一个辅助课程教学、支持专业学习的高质量资源库。可把线下、线上资源分装保存起来，让学生进行选择。一般而言，明确了详细的学习内容之后，学生就可以在平台上的资源集合中进行选择。学生在选择资源的同时，需要以平台数据与教师意见为指导，再结合学生自己的情况，选择出对教学活动有利的资源。详细过程如图 2-7 所示。

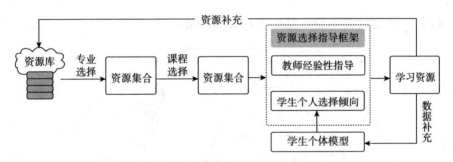

图 2-7　资源选择流程

②学习者个体资源库设计。资源模块、资源库并不是始终不变的，它们会因学生的学习行为记录、需求发生变化。学生在编辑学习资源之后，可以把它保存到自己的资源库里。这样构建的个人资源库具有学生个人标识，有助于定制化教学，还有助于学生建立自己的知识体系，最后让学生完成知识创造。比如，一部分学生喜欢文本类的教学资源，一部分学生喜欢视频类的教学资源，那数据库向他们推送的资源也就会不同。

③资源组织结构设计。获取、调整资源集合的方法有课程选择、专业选择等，但是在"互联网＋"时代，定制化教学中的资源总架构不是在专业、课程的基础上创建的。构建网络化、扁平化的资源结构体系，会促进资源的有效整合，而且基于真实情境、问题建立资源架构，可以增强教学效果。所有资源都具备专业标识、课程标识，所以要在学生个体模型数据基础上对专业标识、课程标识资源进行选择，从而促成网状架构资源。教学资源的划分往往不以专业为标准，而且由于教学资源的整合，各专业间往往可进行合作、交流。与此同时，一个专业包括多门课程教学，所以各种课程资源间有一定的联系。详细的资源组织结构如图 2-8 所示。

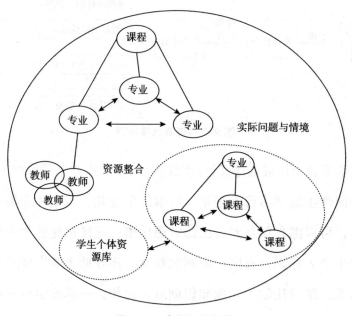

图 2-8　资源组织结构

（5）技术支撑的定制化教学平台设计。随着技术的不断发展，高等院校的定制化教学有了更多的实施方式，同时还出现了一套以网络为主的现代信息技术，其中包含大数据技术、移动互联网、云计算、人工智能、移动通信技术，它们促进了定制化教学的实施。目前，相关技术正在重新塑造教学。

①伴随式评估体系设计。可以利用数据，对学生展开全面、科学的评估，这也是最重要的评估方式。对学生参加学习、教学的所有过程进行连贯性采集、伴随式采集、全过程采集，对学生个体模型进行比较全面的建设，这样就可以在匹配机制的基础上，提供和所有学生倾向、能力相符的优质教学服务，从而提高教学质量。如果学生有好的工具，他们就能诊断、评估自己，也就能做出最适合自己的选择。学生的每次选择，都会成为下次选择的数据基础，学生获取数据是一个持续的过程，它伴随学生的每次选择。

②云网端一体的智慧教学环境构建。为了让定制化教学顺利进行，要结合智能信息技术，改造、整合教学与资源内容，并利用虚实结合、线上与线下结合等技术创造出云网端一体的智慧教学环境，便于学生参加学习时的数据被记录下来，这样也有利于学生的全面发展。

③数据支持的学习者知识建构、分享平台。在教学中运用大数据技术，可以构建更好的教学流程，可以对学生进行更精准、更适合的指导，而学生既可以积极参与到教学过程中，加深自己的了解，又可以提高自我效能感和学习的积极性。与此同时，利用大数据技术，协助学生进行知识建构，不仅可以促进学生深度学习，也符合大数

据的人文考量。学生在进行知识建构的同时,也会完善自身认知结构。学生利用数据分析技术、大数据技术进行知识建构有三个目的:第一个,在创造、建构的前提下给学生提供分享知识的平台,有利于学生的交流和进步;第二个,利用意义建构完善学生的学习;第三个,在建构的同时支持学生进行知识创造。

在网络时代,科技的不断发展有利于学生完成传统学习目标,同时也为学生完成深度学习目标创造了新的方式、机会、资源平台。在技术基础上进行定制化教学,能让学生学会创造、生存、做事、共同生活、认知,从而变成幸福、全面发展、有尊严的人。

(三)定制化教学方案设计

1.总体设计

在"互联网＋"时代,高等院校定制化教学方案是根据某一项教学内容设计的,而在设计教学方案时,需要考虑教学的整个过程,与此同时,还需要对照学生的专业选择、课程选择等。资源的选择、学生反思、教学方式、教学过程、教学目标的设置、学习轨迹的记录、学习目标的设置、内容的标识等部分,都是教学方案的主要内容。详细方案如表2-1所示。

表2-1 高校定制化教学方案示例

学习者模型	只对应一名学习者	方案编号	记录方案迭代修改的过程
匹配学科	与学习者模型匹配	匹配课程	与学科及学习者模型匹配
教学内容标识	针对某一学习内容,匹配学习者模型,标记内容所属学科		

续表

前驱知识	把握学习者学习进度	后继知识	预测学习者的学习发展
学习重点	资源库提取	学习难点	资源库提取
匹配资源	根据学习者模型与学习内容，在资源库中匹配优质资源		
匹配教师	根据学习者模型、学科、课程以及内容，匹配任课教师		
教学目标	根据学习内容制定		
学习目标	由学习者自己制定，但应不低于教学目标		
学习轨迹记录	记录学习者的学习过程，生成动态的学习报告		
形成性评价	考察学习者对学校内容的掌握程度		
匹配教学方法	匹配学习者模型，匹配学习内容的混合式教学		
教学过程	匹配学习者的教学活动序列		

2. 标识设计

在"互联网+"基础上，可根据不同的学生进行定制化教学设计。教学计划只能根据某一个学生（具体的教学对象）或详细的学习内容来进行，所以为了让教学计划更清楚，每个教学计划上必须设置编号，这个编号通常可以体现、记录变化过程，将每个学生的学习过程保存下来，给后期的教学留下可以进行数据分析的信息。

学生差异的标识，就是学习者模型，后面在建设教学方案的时候，就有必要把这个模型当作基础，并与之进行匹配，从而适应学生的思维特征、个性倾向、能力结构、知识结构等。在以物联网技术、大数据技术、学习分析技术等为基础的教学平台上，学生能够构建属于自己的个体模型，教师也可为所有学生建立档案袋，方便随时记录学生的学习进度、学习行为。通过大数据分析技术，针对学生的档案展开定型、定量分析研究，可以了解学生的学习框架、学习习惯、认知风格，可以促进学生进行个性化学习，并为学生提供个性化指导，进而提高学生的学习效果，同时对后面教学的评价方式、课程设置、模块设置进行指导。

因为课程设置、学科设置具有灵活、弹性的特点，教学资源具有网络型架构，教学方案还要对匹配课程、学科进行记录。教学方案标识可以体现出这个方案相对应的课程、学生、专业，还可以支持后面的教学设计，包含教学评价、选择教学资源、明确教学内容、选择教学方式、明确教学目标等，这样才能更好地进行教学管理。

3. 教学目标与学习目标

教学目标是教学的开始和结束，所以，构建定制化教学也应把教学目标当作起点。因为在定制化教学中主要的决策人是学生，所以要确保教学质量，教学目标的设定十分重要。教学内容、教学目标一起被保存在资源库里，对相同的教学内容来讲，教学目标是比较固定的。不过，在定制化教学中，教学目标要根据学生群体大致水平、人才培养要求进行制定，它代表的是全部学生的平均水平，而且不能用教学目标来规定学生的最后成果。

学生是学习的主体，学生利用平台，对自己进行评估、分析，并按照自己的认知水平、能力，构建属于自己的学习目标。在教学中，学习目标是学生要达到的标准，也是教师在教学时要重视的地方。

教学目标主要体现学生的整体水平，而在学生构建学习目标时，教师要引导学生制定高于教学目标的学习目标，这样一来学生才会有上升的空间，同时这样才有利于学生个体发展。

4.教学内容

教学方案的重点是教学内容，在制定教学方案时，要以教学内容为依据。教学内容选择要以学生刚开始在资源库里选的课程、专业为指引，还要考虑学生目前的学习进度、学习水平。与此同时，教学内容标识主要供人确定教学内容属于哪些课程、学科，从而有益于更系统、更方便地推行教学计划、教学活动。教学内容标识包含目前教学内容中的先行知识、后继知识，可帮学生认知教学内容的整体结构，并帮助学生掌握学习内容。

资源库里的教学内容可区分出教学重点、教学难点，但是因为每位学生的发展水平不一样，一样的教学点对于某些学生来说是难点，但对另一些学生来说就可能是十分简单的内容。所以，可以不断地设置与调整教学难点、重点，让教学内容变得更灵活，更适合学生现有的能力。

5.教学方法选择

"互联网＋"时代进行定制化教学时，使用的教学方法要和学生模型匹配，按照学生的个性、能力结构、学习风格、认知框架等选择相应的方法。与此同时，教学方法的选择要符合目前的教学内容，教学内容不一样的话，使用的教学方法也会不同。另外，可以使用多种教学方法进行优势互补。

在定制化教学模式里，教学方法指的不是由教师确定在教学时使用的方法，而是学生要选择的教学方法，这时候的教学方法展现的是学生的期望，但这不代表着教师在教学时就要使用该方法。教师在教学时，要根据学生之间的差异，发挥自己的智慧，进行教学方法创新，来达到、均衡学生们个性化要求。

6.教学评价

在教学过程中，教学评价是一个十分重要的环节，因为教学评价能帮助学校了解学生的整体状况，从而对所有针对学生的教学进行调整；教学评价可以帮助教师了解学生的学习进度，从而有利于后面教学的进行；它还可以对学生的学习时间进行反馈，帮助学生提升后边的学习效果；还可以检测教学目标的完成情况。

在"互联网＋"基础上创建定制化教学评价体系，从而通过大数据的有关技术，更科学、全面、系统地采集数据，努力找到大数据中隐藏的信息，找到教学过程汇总的实质问题，进而进行全面、客观的学习评价。

随着现代信息技术、网络的不断发展，记录学生学习的梦想成为可能，而在这之上出现的伴随式评价，要重视学生的个体差异、学习过程，对学生展开纵向比较，从而促进他们的个性化发展。

当前，不能单纯以是否掌握知识为主要评价标准，要将学生的创新能力、实用能力、思维发展、个性塑造等方面加入评价体系，构建符合网络时代要求，可促进学生全面发展的评价标准。

在"互联网＋"基础上构建的高校定制化教学评价体系，通常把大数据技术作为支撑，把学生在学习时产生的所有数据当作根据，注重学生的个体发展。评价目的是让学生进行反思，再次思考选择的教学模块，努力加以完善，让其真的为自己的自由、幸福、全面发展服务。

第三章　高校经管类专业翻转课堂教学模式的构建

　　翻转课堂是指把传统的教师在课堂上讲解知识，学生课后回家完成作业的教学模式颠倒过来，变成学生课前在家学习教师的视频讲解，课堂上进行讨论并在教师指导下完成作业。在翻转课堂中，主要有两个环节，一个是学生的课前学习，另一个是课中的学生讨论和教师指导，这两个环节共同影响着翻转课堂的效率。计算机技术在翻转课堂中的应用，主要体现在第一个环节，学生通过借助计算机的优势，可以极大地丰富课前学习路径，从而有效提高学生的学习效率。总之，翻转课堂作为一种人才培养模式，是对传统课程模式的一种创新，这种模式能够凸显学生的主体性，从而让学生在自主探究中发展自主学习能力和创新能力。对于经管类专业教学而言，借助互联网技术的优势，积极采用翻转课堂的教学模式，无疑能够进一步提高创新型人才培养的效率。

第一节 翻转课堂教学模式概述

一、翻转课堂的起源

一般认为翻转课堂起源于美国科罗拉多州的两位化学教师乔恩·伯格曼（Jon Bergmann）和亚伦·萨姆斯（Aaron Sams）。2007 年前后，他们为了帮助缺课的学生跟上教学进度，开始尝试把上课内容录制成视频上传到网络，以供这些学生课后学习，取得了不错的效果。后来，他们尝试颠倒传统的教学模式，课前让学生在家观看教师的视频讲解，课堂上在教师指导下完成作业。由于这种模式颠倒了传统的"学生课堂上听教师讲解，课后回家做作业"的教学模式，因此被称为翻转课堂。由于翻转课堂的实践引起了极大关注，这两位教师经常受邀到美国各地向其他教师介绍这种教学模式，后来他们也因为出色的教学先后获得美国"数学和科学教学卓越总统奖"。

关于翻转课堂的起源还有另一种说法，认为在上述两位教师提出翻转课堂概念之前就已经出现了翻转课堂教学方法，只不过当时没有人使用"翻转课堂"这一名称。北京师范大学张萍教授等人认为，同伴教学法、基于问题学习、及时教学法等本质上都强调以学生为中心，问题引导，以及学生自主学习和合作探究，形式上都具备翻转课堂的特点，即要求学生上课前阅读学习材料自主学习，之后在课堂上师生共同交流、探讨、合作，完成学习任务。这些教学方法不仅在形式上符合翻转课堂的特点，而且具有翻转课堂的本质特征。翻转课堂经历了两代发展。第一代翻转课堂已经实现了教育学本质性的翻转，第二代翻转课堂则主要增加和强化了信息技术对翻转课堂的支撑。

根据以上说法，伯格曼和萨姆斯使用的翻转课堂属于第二代翻转课堂，而第一代翻转课堂则起源于20世纪90年代哈佛大学教授的同伴教学法。由于这种教学法具备翻转课堂的本质特征，因此也有学者认为翻转课堂起源于此。

在马祖尔（Mazur）教授之后，也有多名大学教授使用翻转课堂模式进行教学改革和创新。比如，美国迈阿密大学商学院两名教授曾于1996年在"微观经济学原理"本科教学课程中使用翻转课堂教学法。2000年，迈阿密大学的莫琳·拉赫、格伦·普拉特和迈克尔·切格力亚发表《翻转课堂：创建全纳学习环境的路径》一文，介绍了他们采用翻转课堂（当时称为"颠倒教学"或"颠倒课堂"）教学法教授"经济学入门"的做法。同年，韦斯利·贝克在第十一届大学教学国际会议上发表论文提出了翻转课堂模型，并建议教师使用网络工具和课程管理系统在线呈现教学内容。然后，教师在课堂上花更多的时间参与学生的主动学习活动，成为学生身边的指导老师。也是在这一年，威斯康星大学麦迪逊分校开始在计算机科学课程中使用电子教学软件，开始以网上的讲座视频取代教师的现场教学，并增加了课堂上的问题解决和师生互动时间。杰里米·斯特雷耶在其2007年的博士论文《翻转课堂在学习环境中的效果：传统课堂和翻转课堂使用智能辅导系统开展学习活动的比较研究》中，也描述了作者在统计和微积分课程中如何利用在线课程系统进行翻转课堂教学。

　　通过历史回顾可以发现，翻转课堂的出现和发展与慕课等在线学习网站密不可分。一方面，慕课为翻转课堂提供了众多高质量、易获取的教学视频，显著降低了实施翻转课堂的门槛，推动了翻转课堂的普及。另一方面，翻转课堂也为慕课等在线学习网站提供了进入学校教育，影响线下课堂教学的机会。借助翻转课堂的教学模式，慕课不再是课外自学或辅导网站，而成为学校教育教学的一个有机组成部分，推进了学校的教育教学改革。可以说，翻转课堂和慕课恰逢其时，如未来教育的一双翅膀，互有所长，相辅相成，共同助力未来教育的腾飞。

　　如果把翻转课堂和慕课的产生和发展放在更大的社会背景下观察，翻转课堂和慕课会在2011年左右迅速进入人们的视野，并产生巨大的影响，这其中虽有偶然性，但也有更大的必然性，体现出了教育对社会发展的主动适应。当今社会更加注重核心素养和关键能力，更加注重培养全面发展的人。以知识传授为主的传统教学方式在人才培养方面的弊端越发明显，逐渐难以满足社会发展对高素质人才的需求。此外，社会的发展，尤其是信息网络技术的发展一日千里，正深刻改变着包括教育在内的各行各业，为教育创新提供了以往时代所不具备的可能性和条件。翻转课堂和慕课在这样的背景下产生并流行，可以说是顺应了社会和时代发展对人才培养的必然要求，体现了未来教育的特征。

二、翻转课堂的定义

简单地说，翻转课堂就是把传统的教师在课堂上讲解知识，学生课后回家完成作业的教学模式颠倒过来，变成学生课前在家学习教师的视频讲解，课堂上进行讨论并在教师指导下完成作业。

不过关于翻转课堂的定义并没有一致的说法，有学者认为翻转就是把课堂上做的事情和课堂外做的事情翻转过来。阿贝塞克拉和道森指出，翻转课堂至少应该具备以下三个特征：①把主要用于信息传递的教学移到课外；②课堂用于进行社会性学习活动；③学生需要完成课前和课后活动才能最大限度地受益于课堂活动。很多学者认为翻转课堂是在课前给学生提供新课相关材料指引他们完成基础学习任务，然后把面对面的时间用来进行主动学习策略教学，例如，反思、小组项目或讨论。他们认为，翻转课堂的核心要素包括课前内容、形成性评价、发展能力以及教师及时的指导。

哈姆丹等人认为翻转课堂应该具备以下四个要素：①灵活的学

习环境。翻转课堂的环境应该是富有弹性的，能够容纳不同的学习模式，允许教师改变教室的物理环境。同时学生能够随时随地学习，教师能够根据需要调整教学方法。②以学生为中心的学习文化。翻转课堂应该从教师中心文化转变成学生中心文化，课堂时间应该用来进行深入探索并为学生创造丰富的学习机会。学生从教学的客体变成学习的中心，并积极参与有意义的学习活动，主动建构知识体系。③有目的的内容。在翻转课堂中，教师需要仔细选择并判断什么内容可以直接讲授，因为讲授法对于特定的知识和技能是十分有效的，同时还要判断什么内容需要学生自行探究学习掌握。有目的的内容可用来进行主动学习、同伴教学、问题解决等活动。④专业的教师。有批评者误以为翻转课堂用视频代替了教师，这是对翻转课堂的误解。专业的教师对翻转课堂来说是不可或缺的，而且比起传统教学课堂，专业的教师在翻转课堂中更为关键，往往决定如何使师生面对面教学的效率最大化。

伯格曼和萨姆斯认为传统上把翻转课堂看作"课前视频讲解＋课中答题"的看法，是对翻转课堂的狭隘理解。因此，他们进一步提出翻转学习的概念，扩充了翻转课堂的内涵。他们指出，翻转学习是把直接讲解从团体学习空间移到个体学习空间，团体空间则转变成动态的、交互的学习环境。在团体空间中，学生应创造性地参与到学习中，教师则提供指导。他们还认为，翻转学习的核心在于通过把直接讲解移到课外，并把宝贵的、面对面的课堂时间用来进行丰富的、有意义的学习活动，延长学生在课上进行深入学习的时间，真正打造以学生为中心的课堂。

总体而言,无论是翻转课堂还是翻转学习,其核心理念是一致的,两者都认为师生面对面的课堂时间是有限的且十分宝贵,应该充分利用起来进行有意义的、深层次的教学活动,区别于传统教学把大量课堂时间用于直接讲解的做法。如果从布卢姆的教育目标分类理论来理解的话,翻转课堂认为,教师的直接讲解主要以学生对知识的记忆和理解这两个初级认知为目标,但这个目标在很大程度上可以通过学生自学视频的方式来实现。对于知识应用、分析、评价、创造等高级的认知目标,以及情感和心理活动领域的目标,学生通常很难通过视频自学完成,需要通过面对面的、互动的、深层次的课堂教学活动才能完成。

翻转课堂的做法和内涵虽然简单易懂,却从根本上颠覆了传统教学。尤其是翻转课堂通过教学视频把部分知识传授的过程移到课外,让课堂成为师生深入互动、有意义的学习场所,彻底解放了课堂,为信息技术深层介入教学过程,技术与教学的深度融合提供了重要的着力点和突破口,从而有可能从根本上改变传统教学方式,实现人才培养模式的创新。

三、翻转课堂的要素

（一）教学者与学习者要素

在教育培训中,教师与学生都是非常重要的一对要素。一直以来,传统课堂都是以教师为中心,教学就是教师站在讲台上给学生讲课,但由于教师要在课堂上完成规定的教学任务,教师和学生深入交流探讨的时间非常有限,所以教师对学生的指导也有限,很难深入。在翻转课堂中,教师走下讲台,从内容讲授者变成学习促进者时,课堂就会变成一个学习交流中心,而这个中心的焦点为学生自己,教师对学生的帮助是面对面的、深入的。

（二）学习资源要素

翻转课堂学习资源非常丰富,微课视频、慕课课程、网络课程、视频公开课等在线课程,都可以作为翻转课堂的课前学习资源,但使用比较普遍的是微课视频和慕课课程,因为微课视频或慕课课程时间一般控制在 15 分钟以内,讲授的教学内容是针对某个知识点或教学环节而精心设计开发的一种情景化、可视化的数字化学习资源,具有可重复播放、可暂停、可反复观看、不受教学进度约束等特点,便于学习者个性化自主学习。翻转课堂学习资源主要要素之一是学案,由教师或教学团队编写,是用以指导学习者进入翻转课堂学习的指导手册。翻转课堂资源还包括帮助学习者建构知识体系、加深课程理解的拓展学习资料,如教材、书籍、视频、其他教师的相关网络课程。

（三）教学流程要素

翻转课堂具有与传统课堂不同的教学活动流程，主要是在学案指导下，学生个体进行课前自学，同时对课程相关知识结构进行查漏补缺；课中以学生为主体，学生集体在教师指导下，深入内化知识，解决知识难点，研究相关问题，探索创新知识；课后强化、巩固、拓展知识的一系列教学活动。

（四）教学环境要素

1.教学平台

翻转课堂需要一个网络平台加以支撑，目前国内外现存的网络平台很多，而由澳大利亚教师开发的Moodle平台非常适合翻转课堂，它可以管理课程、组织教学内容、为教学提供评价支撑；可以帮助教学管理人员创建新课、向教师授权、管理教学事务；可以帮助教师进行教学设计，增加、修改课程，引导学生自主学习，检查学生学习活动记录，解答问题以及督促学习；可以帮助学生浏览、下载学习微课视频和资料，上传作业，研讨交流和学习评价。Moodle平台为教师创建了一个灵活实用的教学活动社区，可为学生提供方便的在线学习服务。在我国，翻转课堂主要利用慕课平台以及各院校的校园网平台，课下学生自学各类在线课程，课上教师再组织学习者深化课程研究。

2. "学"与"教"的环境

"学"的环境是指学习者课前基于在线学习平台（Moodle 平台、慕课平台、校园网平台）的自学环境；"教"的环境是指课堂研讨环境与多媒体教学演示环境。

第二节　翻转课堂与高校经管类专业教学融合的理论分析

一、高校经管类课程引入翻转课堂教学模式的必要性

翻转课堂是一种新型授课模式，是对传统课程模式的一种创新，并且经过长时间的发展、完善和实践，被证实是一种非常有效的教学模式。再者，翻转课堂这种以学生为中心的新型教学理念在很大程度上调动了学生的积极性和主动性，并且提高了学生对知识的掌握程度和内化程度。高校经管类学科作为占比较大的学科，与时政和热点的联系比较紧密，课程的内容相对比较开放，更适宜采用翻转课堂模式。传统的高校经管类课程一般采用教师授课，学生听课的教学模式，不仅不能调动学生学习的主动性和积极性，在很大程度上还让学生失去了对这门课程的兴趣，让这门课程变得枯燥气味，

弱化了它本身存在的意义。采用翻转课堂，既可以将学生主动探知的能力调动起来，让学生对学科产生兴趣，也能在很大程度上促进学生小组之间的协作，而这样的模式对提高学生的知识掌握程度和学习效率有很大的帮助，因此在高校经管类课程中运用翻转课堂模式非常必要。

二、高校经管类课程引入翻转课堂教学模式的可行性

首先，高等院校具备一系列优质的公共资源和先进的技术平台。随着现代科学技术的不断发展，互联网在全球广泛传播开来，翻转课堂的实施离不开先进的互联网技术。当前各大高校都有自己的校园网，都在开发与各自学科相关的精品网络课程，还有很多的网络公开课可以在互联网平台上共享，形成了庞大的教育资源库供学生自主学习。各大高校为学生提供了优质的网络技术平台，为翻转课堂的实施提供了技术支持。

其次，高水平教师为翻转课堂的实施提供了便利。高校教师的整体水平都比较高，接受新事物的能力强，在与学生的互动交流中也十分专业，再加上现代高校教师对网络技术平台的应用游刃有余，这就为实施翻转课堂奠定了坚实的基础。高校教师在制作学习视频的同时也会加入自己独到的见解，从而增强学生在自主学习过程中的趣味性。

再次，高校学生的自身素质也有利于翻转课堂的实施。高校学

生的自学能力和理解能力都很强，这就给翻转课堂的实施提供了便利。翻转课堂要求提前学习视频资源，高校学生对网络资源的掌握和了解程度要比中学生和小学生强得多，这就有利于其在前期学习的过程中快速地掌握相关知识。另外，高校学生在探究性学习和主动性学习方面的能力也比较突出，善于发现问题、分析问题和解决问题。高校学生还具备很强的逻辑思维能力，能在后期的交流互动中发挥优势。同时，高校学生还拥有很强的团队协作能力，有利于通过小组协作来解决教师提出的一系列问题。正是因为高校学生具有的这些素质和能力，让翻转课堂的开展拥有了更多的可行性。

最后，高校资源环境方面也是一个优势。我们都知道，高校在办学方面更加自由，对于课程的设置、师资的配备，都会有很大的自主权，这就为高校开展翻转课堂提供了便利。再者，高等院校没有升学的压力，在课程内容设置上有更多的自由，高校的学生也更加成熟，跟教师之间的关系也会比较亲近，这样也有利于翻转课堂模式下的师生关系。高等院校的图书馆、实验室及充足的网络资源都为高校实施翻转课堂模式提供了便利条件。

总而言之，翻转课堂作为一种新型教学模式，拥有传统教育模式无法比拟的优势。翻转课堂对时间和空间的低要求，成就了教学的自主性，也让学生比较放松，让学习变成了一件轻松愉快的事情。翻转课堂可以在很大程度上调动学生学习的积极性和主动性，学生可以根据自身的情况自主选择学习时间和学习内容，这样既可以提高学生的学习效率，也可以促进学生个性化学习。翻转课堂也有利于拉近教师与学生之间的关系，让师生关系更加亲密，同时让学生有了更多的发言权。高校经管类课程的内容具有很强的开放性，所以很适合采用翻转课堂这种新的教学模式，在课程内容和授课方式上，教师在各方面也会有更多的自主性。高校优质的公共资源是翻转课堂实施的基础，而在这样的平台上，教师可以制作更丰富的学习资源，学生也可以在更大的范围内选择适合自己的视频内容，同时高校的管理相对比较灵活自由，学生可以自由选择学习时间。另外，高校教师的水平通常比较高，对互联网等各种技术平台的操作很熟练，同时高校图书馆及实验设备等硬件环境能为教师提供更好的平台，有助于开发出更适合学生的课程内容，这在很大程度上也是翻转课堂实施的重要前提。

翻转课堂作为一种新型教学模式，在与高校经管类课程相结合的过程中，难免会遇到一些问题和阻碍，如受传统教育模式的影响比较大，难以顺利全线开展，而且刚开始实施翻转课堂还需要进行多方面的协调。然而，翻转课堂无论是对高校经管类课程还是对高校学生和教师而言，都是一项值得尝试的创新模式，对于激发学生的主动性和探究性大有裨益，也在很大程度上让教师具备了终身学习的素养。由于翻转课堂最大的平台是互联网，高校除了年轻的教师也不乏年龄偏大的教授，不能够熟练地直接运用这种技术，还需要进一步的钻研，可见这也是一项非常好的促使教师和学生共同进步的新模式。在经过前期的协调与融合后，翻转课堂肯定会在高校经管类课程教学中大放异彩。这不仅是一种教学模式上的创新，也是一项教育界的新举措。如果翻转课堂能够在高校经管类课程中取得成效，那么就可以进一步推广到别的专业、别的学科，让每一名学生都能主动进行学习，从而在提高学习成绩的同时养成探究性学习习惯，更进一步增强语言表达能力和逻辑思维能力。这些能力不仅在学习中需要，以后走入社会从事各行各业也需要，因此针对高校经管类课程开展翻转课堂教学工作势在必行。

三、翻转课堂与高校经管类专业教学的融合途径

翻转课堂是一种新型授课模式，备受高校各门学科的推崇，在数学、计算机、化学以及统计学中的应用较为成熟和广泛。由于经管类课程中的知识点比较繁杂，而且不像理科类和语言类学科知识那么具象，隐性的知识点比较多，内容也比较发散，同时各相关课程之间还有交叉，不容易被清楚地描述，并且在培养学生的过程中，如何培养他们的综合能力也没有一个确切的标准，所以经管类课程在与翻转课堂教学模式结合的过程中确实存在不小的挑战。反过来，也正是由于经管类课程的这些特点，翻转课堂模式更能激发学生对经管类课程的兴趣，使学生受益匪浅。翻转课堂的整体模式可以分为三个阶段，即课前准备阶段和自学阶段、课中的交流互动答疑阶段、课后反思与反馈阶段。下面就从这三个阶段阐述翻转课堂与高校经管类课程的融合。

（一）课前准备阶段和自学阶段

高校经管类课程是一种思辨性特别强的课程，并且具有很强的发散性，所以教师的授课环节至关重要。在传统的教学中，教师通常采用的方式是课堂面授，在这个过程中，教师可以将知识点详细地讲给学生，有的学生也能在课堂上和教师进行一定的互动，最终双方一起完成这类课程的教学任务。然而，这样的传统课堂模式具有时间和空间上的局限性，授课时间必须是在课堂上，学生学习的时间也在课堂上，课堂时间内教师要将学科知识全部教授给学生，还要偶尔与学生进行互动，时间很有限，学生难以将知识内化，更不用说进行深入探究了，这就暴露出传统教育模式的弊端。

翻转课堂教学模式下高校经管类课程的课前阶段主要分为准备阶段和自学阶段。

首先是准备阶段。这里的"准备"主要指学习资源的准备，一般情况下是视频的录制，这个阶段是翻转课堂实施的基础，有了相应的学习视频，学生才可以进行接下来的学习活动。在录制视频的过程中，教师要对各种知识点进行详细分析。由于经管类课程本身比较庞杂，所以视频内容相当重要，教师不仅要在有限的视频长度中内囊括尽量全面的知识点，而且还要注重这些知识点内部的关联和逻辑。再加上经管类的很多课程内容有交叉，能清晰地将课程脉络展现出来是关键；经管类课程和金融类的时政热点相关，教师在录制视频时也要注重将金融时政热点融合到视频中，让学生把握时事政策的导向；教师在录制视频的过程中还要注意课程的内在逻辑，要把内容讲述、问题引导、课下作业等内容由浅入深、层层深入地表现在学习资源中，这样就可以给学生展现一条完整的学习主线，引导学生进行相关学习。

其次，课前阶段学生的自学过程也十分重要。在教师将视频制作完成后就是学生进行自学阶段，在这一阶段，学生可以根据自身情况，自由安排学习时间和内容，这也是一种个性化的学习方式。在这个阶段，学生可主动学习相关课程资源，将自己有疑惑的地方记录下来，方便之后和教师及同学进行探讨。

（二）课中交流互动答疑阶段

学生经过前期的自学，已经对所学的知识有了一个大概的了解，接下来就是翻转课堂的重点阶段——课中交流互动答疑阶段。这一阶段是学生将所了解的内容内化为自己知识结构的一个重要过程，且互动交流可促使学生进行探究性学习，激发其主动学习的热情。另外，这种课程模式创造的轻松氛围，更能拉近学生和教师之间的距离，有利于形成积极的师生关系。

课中交流互动答疑阶段也分为两个部分，一部分是知识巩固部分。在这一部分中，学生可以以小组为单位，将之前自学内容进行简单汇报，做一个简单的串讲，这种方式不仅有利于学生对所学知识进行巩固，而且能够在很大程度上锻炼学生的语言表达能力。小组间的汇报结束之后就可以以小组为单位，综合地呈现学生在自学过程中遇到的疑惑和问题。第一部分也是翻转课堂的核心部分，即知识的内化阶段，这一阶段正是翻转课堂这种全新的课堂模式区别于传统课堂模式的地方。在这一阶段中，教师作为助学者，引导学生讨论但不深入其中进行讲解，保持相对的独立性，目的是让学生自己就呈现出的问题进行讨论，在探究中找到解决问题的办法。在此过程中，学生不仅会大大提升学习积极性，而且会慢慢掌握探究性的学习方法。在这种课堂模式中，学习的环境是开放式的，思维是分散式的，没有固定的标准，每个人都能阐述自己的观点，教师在这个时候要做的就是在话题有所偏移的时候将学生的思维拉回到课堂中，维护课堂秩序。在这种学习氛围中，学生也会互相感染，思维越来越活跃，同时教师和学生之间的距离逐步拉近，师生之间的关系更加紧密。

高校经管类课程引进翻转课堂模式是为了摒弃传统的教师灌输式教育，从而营造一种轻松的学习氛围，让学生能够在这样的环境中积极主动地探求知识的奥秘，而且在这个过程中，学生的主动性和积极性都会被无限激发，语言表达能力也将得以进一步提升，同时获得大声讨论的勇气和自信。高校经管类课程具有很强的发散性，学生在翻转课堂这种模式下可以锻炼思维的开放性和发散性，增强自己发现问题、分析问题、思考问题、解决问题的能力，而这些能力远远比获得知识本身更有价值。这样的课堂模式，也有助于形成师生合力解决问题的氛围，有益于学生在轻松的氛围中求知。

（三）课后反思与反馈阶段

课前准备阶段是基础，课中交流互动答疑阶段是核心，还有一个很重要的阶段就是课后反馈阶段。一节课上完之后并不代表课程已经结束，课后反思与反馈才是知识内化的最终检验阶段。课后反思包括教师的反思和学生的反思，教师的反思包括教师对本次教学过程的反思，具体包括前期的学习资料是否能直观清晰而又富有逻辑地阐述课程内容，在课堂讨论中是否有给予学生良好的引导，有没有起到点睛作用；学生的反思包括在前期自学过程中，有没有认真细致地学习课程内容，让课程内容在脑海中形成一个完整的体系，在课堂上的交流中有没有做到清楚表达，语言流不流畅，逻辑清不清晰，内容是否简明扼要，有没有真的将知识融会贯通。反思的部分是一个很重要的部分，因为只有知道自己哪里做得不到位，才能在今后的学习中弥补，从而取得更大的进步。反馈部分也包括教师的反馈和学生的反馈两方面内容，教师的反馈主要是教师对之前课堂表现的总结及对接下来课程安排的计划，需要注意的点及课程实施的时间空间的规划，这样做也是为了进一步完善翻转课堂教学工作，使翻转课堂能与高校经管类课程更好地融合；学生的反馈主要包括学生要在上完课以后提交一份书面性的报告或者小论文，目的是就本节课所学进行总结，内容包括本节课学到了什么，自己的表现如何，还有什么好的建议可以写给自己，这都是为了让学生在之后的学习中找准方向，发现更好的学习方法，在以后的课程中能有更好的表现。

四、翻转课堂中的高校经管类专业教学评价

教学评价对检验教学质量和改进教学方法具有重要的作用。在进行了一段时间的翻转课堂教学之后，就需要对这一阶段的教学进行评价。在此过程中，可以采用访谈法及问卷调查法来对教师和学生进行教学评价。

在访谈法运用过程中，要注意分别选择教师和学生作为访谈对象，询问他们认为翻转课堂有什么优势和不足，通过这样的方式可以看出翻转课堂在经管类专业课程中的开展情况，也有利于在接下来的教学中不断地进行修正和创新。

在问卷调查法运用过程中，要注意样本的选择，这是非常关键的一环。具体要先选取合适的调查样本，设置一系列问题，接着观察分析教师和学生的反馈，从而得出翻转课堂哪些方面值得推崇、哪些方面需要创新，为翻转课堂更好地开展打下坚实的基础。

五、高校经管类专业课程与翻转课堂顺利融合的关键要素

翻转课堂与高校经管类专业课程能够顺利融合离不开以下几个要素的影响，也正是因为有了这些因素，经管类课程才可以运用翻转课堂这种新型教学模式，并且取得了不错的效果。

第一，翻转课堂是一种新型教学模式。我们都知道经管类课程各学科之间有交叉，而且知识点比较繁杂、和时政热点结合得比较紧密。与此同时，不少学生因为拥有不同的学科背景，掌握的基础

性知识不尽相同，所以知识水平起点也就不尽相同，教师采取传统的上课面授模式就难以照顾到每一位学生，进而导致一部分学生在学习过程中越来越吃力，并渐渐丧失对此门学科的兴趣。翻转课堂的出现恰恰解决了这一问题，翻转课堂要求学生在课前进行自主学习。具体而言，教师提供学习资料，可以是视频、演示文稿，或者是一些大型的数据资料平台，学生根据自己的水平来选择学习内容和学习进度。这从某种程度上来说实现了个性化教学，并让学生从被动地接受知识转变为了主动积极地探究知识，可以激发学生的学习兴趣，并且在后期的互相交流和反馈中培养一系列能力，提高学习成绩。

第二，在翻转课堂实施过程中会积累大量的教育资源。翻转课堂模式要求学生前期要注重自学，而自学的内容正是来自这些教育资源。通常情况下，学生选择的学习资源主要是视频和一些文献资料，其中视频时长相对较短、内容连贯，同时文献也不会过长，这样既可以方便学生阅读，也方便关键内容的检索。这些学习资料有很多是教师自己创制的，主要是从网络平台检索的有用信息或者是自己录制的视频，同时这些学习资源也可以在不同高校间共享，或者是一届一届地传阅，但要根据实际情况进行不断创新和改革。翻转课堂这种模式下的课堂教学要求有大量的教育资源，这也正是翻转课堂不同于传统课堂的核心所在。

第三，在翻转课堂开展过程中注重教学活动设计。翻转课堂是一种开放性的课堂模式，在这种课堂模式中，获取知识并不是最主要的目标，更重要的是培养学生的多项能力。所以，在教学活动设计中，教师可以制订一系列的活动目标，最常见的就是培养学生主动学习的能力，培养学生的团队协作能力，培养学生独立思考和解决问题的能力。从事活动的主体也很多样，有小组、个人或者班级。课程设置往往采用知识点与扩展深度相结合的方式，保证难易适中，这样才能顾及所有学生。

第四，教师在翻转课堂中有很大的作用。高校经管类课程教师如果具备专业的理论知识和素养，以及丰富的实践经验，那么其在教学活动组织方面就没有问题。翻转课堂要求教师提前提供学习资料，这也对教师能力提出了要求，即他们要能够熟练地运用一定的信息技术软件和平台。在后期的教学活动中，优秀的教师要能够选择合理的教学方法和教学手段，保证教育教学活动顺利开展。翻转课堂这种新型教学模式使课堂变得更加开放，这也要求教师要有一定的控场能力，学会与学生相处。

第五，翻转课堂必须要以一定的网络条件作为支撑。翻转课堂的知识学习过程依托网络平台，同时教师提前制作好学习资料，包括视频、文献、演示文稿等，学生需要在课前利用一定的时间来自行完成学习任务，而这就要求有互联网作为基础。学生一般在线上进行学习，同时也会在线上跟教师进行沟通，这就需要一定的计算机硬件和各种软件作为技术支撑，所以这种成熟的网络支撑也是翻转课堂能够顺利和经管类课程融合的原因之一。虽然翻转课堂在现阶段与高校经管类课程的融合过程中还有需要继续改革和创新的地方，但到目前为止，翻转课堂因其具有的优势已经与经管类专业课程进行了很大程度上的融合，也取得了不错的进展，特别是在提高学生学习成绩以及学习能力方面，有着很重要的促进作用。学生由原来的被动接受知识变成了现在的积极主动探究，由原来对课程的兴致缺失转向现在的兴趣满满，这都是翻转课堂模式下取得的新进展，在师生的共同努力下，翻转课堂会取得更好的成效。

第三节　经管类专业翻转课堂教学模式构建的路径 ——以微观经济学课程为例

一、微观经济学翻转课堂教学模式构建的目标

微观经济学翻转课堂教学模式构建的目标是将学生置于经济现象发生的情景当中，再现经济学理论的产生过程，配合采用案例教学法，增强学生对经济学原埋的感性认识，加深学生对微观经济学原理形成思路的理解，训练学生经济学的思想方法，提高其分析和处理具体经济问题的能力。

二、微观经济学翻转课堂教学模式构建的要素

（一）教学内容

（1）去除教学内容中陈旧的东西，更新补充新的内容、新的思想和现实事例，让学生及时了解和掌握微观经济学前沿的理论和课题，为学生提供更多的信息，使教学内容及时地反映现代微观经济学的新思想和新成果。

（2）坚持教学内容少而精，摒弃课程中过分烦琐的教学内容及相关课程中的重复内容。

（3）注重培养学生适应未来复杂多变的经济环境的能力，培养学生从已有的知识引申新的知识的能力，培养学生的表现力、判断力、质疑力，促使学生产生打破旧概念、原理、经验而独辟蹊径的勇气，把教学目标转向培养学生的应用能力。

（二）教学工具

（1）利用图书馆的电子资源。积极引导学生自己去利用各种学术期刊、学术专著、财经新闻以及经济学家的随笔等资料，关注本学科的发展情况，培养他们经常阅读的习惯。

（2）拍摄由学生自己参与表演的经济现象情景视频。将编写的案例故事拍摄成学生参与表演的视频，引起学生对微观经济学课程的关注，激发学生学习的兴趣，还可将这些视频用于课堂案例教学中。

（三）教学方法

（1）学生参与课程内容的讲授。适当地挑出相对简单、容易理解的非重点内容交由学生来讲授。学生要在课外进行除课本外的资料查询、讲演组织、课件准备，可以单独完成也可以小组合作完成，最后完成对课程内容 10 分钟左右的讲解。教师指导演示的内容包括该理论的创始人背景、该理论的历史背景、理论的合理性和缺陷、小组成员对该理论的理解和疑问等。疑问提出者可以直接向在场的学生提问或者由教师来解答。

（2）学生参与前沿理论的介绍。经典经济学理论已经形成比较固定的套系，但是经济学属于社会学科，随着人类经济社会的发展而不断产生新的理论解释并解决新遇到的经济问题。我们现在教科书上讲授的是新古典经济学，而当今经济学界中所谓的非主流经济学派，如产权经济学、信息经济学、发展经济学、国际经济学等越来越有取代主流经济学派的势头，所以仅仅跟随教科书学习新古典经济学对于学生来说是远远不够的。新兴经济理论与现实联系更紧密，适合交给学生来进行介绍。

（3）利用讨论教学法，提高学生学习的主动性。教师在授课过程中采用讨论教学法，如以学生关心的热点问题为讨论课题，将学生分成若干小组进行分组讨论，让每个学生都参与进来。学生在小组讨论中用所学到的理论知识分析现实问题，不仅可以提高学生的学习兴趣和积极性，还可以加深学生对知识的理解程度。另外，通过讨论，师生之间可以充分交流、互相了解，建立良好的师生关系，同时教师还可以从中及时得到反馈信息，针对学生知识掌握程度对症下药，提高授课效率和质量。

（4）课堂教学以情景导入。引导学生开动脑筋思考和解决经济现象中的问题，并不留痕迹地将经济学理论的产生过程再现给学生，给学生留出自由思考和解决问题的余地，引导他们自己去思考、推理并得出结论。

（四）考核方式

（1）学生平时成绩包括课前自学情况、课堂主讲、课堂讨论、课后案例分析、课堂出勤情况等，这样可以促使学生注重日常的学习，而不至于只在考试之前突击几天。

（2）学生课堂表现由师生共同评价。其他同学以小组为单位对学生课堂表现进行评价，教师要对每一个小组的作业进行评价，学生评价和教师评价的分数各占50%。

三、微观经济学翻转课堂教学模式构建的策略

（一）完善教学实施过程

1.教学准备阶段——提供教学资源

教学准备阶段需要完成三项重要任务：第一，整合微观经济学理论教学内容，编写实施方案；第二，编写本土化学习案例；第三，完善微观经济学网络课程资源，丰富和完善各种教学文档资料，供

学生自主学习时使用。详细如下：首先，设计详细方案，编写案例教材，拍摄部分经济学故事，初步尝试参与式翻转课堂教学模式。要开发微课程，用录屏软件拍摄"PPT+讲解声音"的理论教学视频，同时以情景再现的形式呈现经济学原理产生的背景故事，再现经济学家发现经济学原理的过程，增加学生的参与感；其次，要编写中国本土化的经济学案例，便于学生进行分析学习。最后，教师要根据课程教学目的，拟定学习任务单，提供给学生，指导学生学习。

2. 知识传授阶段——学生课外自学

学生根据编写的案例、拍摄的情景故事视频以及教学视频，进行自主学习。为保证翻转课堂教学活动顺利进行，学生必须在课外进行知识点自学实践。采用的方式为在课前将教学视频和经典案例提供给学生自学，并要求学生在 Moodle 课程平台上完成课外自学测试，以检验自学程度。提供案例的目的是使学生在自学过程中了解所学的微观经济学原理可解决什么样的问题。

3. 知识内化阶段——课堂案例分析

播放学生自己拍摄的视频故事，再现微观经济学原理的产生背景，带领学生透过经济现象总结经济规律，从而理解经济学原理的现实意义，调动学生的学习积极性。然后，采用课堂讨论的方式，用经济学原理分析现实中的经济问题。

4. 知识巩固阶段——章节验收

课后要求学生以案例分析的形式完成作业，并在每章结束后，在课外用 Moodle 课程平台完成每章课程知识验收测试。

5.反思总结阶段——优化教学方案

优化微课程，反思教学过程中的不足，调整下一知识点的教学方案。

（二）健全课程评价方法

（1）课前测试——用 Moodle 平台自动完成。建立试题库用于学生自学测试，每次测试随机出题，允许学生就同一章节内容进行多次重复的课前自学测试，以最高分为准。学生在多次测试过程中，要不断矫正自学中产生的错误认知，不断深入理解知识点，从而增强学习积极性，达到理解知识的目的。

（2）课堂讨论——师生共同评价。教师占评价成绩的 50%，学生以小组为单位对其他小组进行评价，各小组的平均成绩占评价成绩的 50%。具体评价学生经济学运用能力、课堂研讨语言表达能力、PPT 制作能力、小组协作能力等。

（3）作业及验收测试——用 Moodle 平台完成。作业以教师在教学平台人工批阅的成绩为准，以客观题为形式的验收测试在教学平台上自动完成。

第四章　高校经管类专业创新型实践教学模式的创建

随着经济的快速发展,企业越来越重视高校毕业生的实践能力。高校经管类专业为实践性、应用性较强的综合性学科。学生是否具备较强的实践能力,是否熟悉企业经营管理的流程值得关注。与此同时,实践教学也是培养经管类创新型人才的一个有效途径,因为在实践中学生的思维可以更加开阔,学生对知识的理解也能够更加深入,从而使学生在知识和思维的发散中提高创新能力。因此,借助互联网技术的优势,不断拓宽经管类专业实践教学模式,构建更加多元化的经管类专业实践教学模式,以提高创新型人才培养的效率,是高校经管类专业需要思考的一个问题。

第一节　实践教学概述

一、实践教学的概念

《教育大辞典》中指出，实践教学是相对于理论教学的其他教学活动的总称[①]，包含社会调研、实习实训、毕业设计等，其目的在于通过实践让学生对知识有深层次的感性认识，继而形成理论与实践相结合的科学态度，提升学生独立自主的岗位能力。实践教学一般在校内或者校外的实践基地等真实生产场景中展开，具体要根据学科与专业的不同要求设计内容，并由指导教师以实践与教学高度结合的方式对不同专业的学生进行分类指导。总的来说，实践教学与理论教学具有相同的特征，却又不同于理论教学而独立存在。

[①]　顾明远.教育大辞典 [M].上海：上海教育出版社,1990:711.

二、实践教学的目标

实践教学的目标是所有实践教学活动的出发点和归宿，是实践教学应当满足的要求，也是其核心。它对教学管理及内容、评价体系的功能及结构起着决定性作用，并在很大程度上影响其他体系的运行。实践教学目标依据层次的不同大致包括依据实践教学内容差异制定的目标、各个学科培养目标、不同高校实践教学目标以及实践教学人才培养总目标。

与理论教学明显不同的是，实践教学把教学融入应用领域，旨在培养面向建设、面向生产、面向管理、具备优良职业道德素养和实践能力的技能应用型人才，重视锻炼并提高学生的执行能力和专业素养。各个层次的实践教学目标需要突出实践性特征，而各个学科的培养目标需要根据本学科特点和一定的教学理论，以服务和就业为宗旨及导向，与形势发展相适应，持续深化教学改革。依据实践方式和内容的差异性，可把实践教学目标分为专业技术型、学科基础型、通识实践型以及研究创新型。

三、实践教学的特征

（一）实践教学过程中强调学生主体性特征

教学活动的主体是教师和学生，教师教学与学生学习相协调构成了教学活动，同时双方的协调活动也有益于教学目标的实现。实践教学的根本目的在于引导学生将理论知识转变为实践应用，并以此进一步提高学生的专业能力，为其未来职业发展铺平道路。因此，要在教学活动中突出学生的主体地位，让教师作为教学活动的组织者更好地发挥引导作用，而学生作为主体更好地发挥主观能动性。

（二）实践教学内容的实用性特征

实践教学内容的选择一定要以实用性为主，原因在于实践教学活动的根本目的是提高学生的实践应用能力来满足其未来职业发展的需要。因此，实践教学过程中应当把内容选择与企业实际生产活动结合起来，而且实践安排要与真实生产相匹配，让学生可以在与实际生产相似的环境中参与教学实践，操作实际的生产装置，获得更有效的岗位能力。

（三）实践教学校企联合的特征

实践教学非常适合以校企联合的方式开展。对学校来说，其拥有更专业的理论师资队伍和丰富的科研资源，能够在合作中为企业提供人才培养平台和先进的技术力量；对企业来说，其拥有真实的生产环境和技术资源，能够在合作中为高校提供具备一线生产经验的技术人员作为兼职教师，并给学校带来真实的生产环境和技术设备供学生实习，让实践教学在提升学生操作能力的同时更好地激发学生有效的创新精神。

（四）实践教学具有独立性特征

以往的教育活动中实践教学并没有作为一个独立的教学类型得到重视，而只是被认作理论教学的一种附属形式。实际上，在培养应用型人才的过程中，理论教学和实践教学并不是相同的教学类型，在教学内容、目标、评价、管理、保障等方面这两种教学有着很大的差异，因此我们在研究实践教学时必须将其视为一个独立的教学类型。

四、实践教学在人才培养中的作用

20 世纪 80 年代之后，高等教育领域逐渐认识到实践教学有助于推动应用型人才的培养，实践教学的地位得以提高，而且近年来有许多高校吸纳了这部分经验，开始加大教学改革过程之中的实践环境建设力度。截止到现在，人们普遍对实践教学有了更深层的认识，越来越认识到实践教学对学生创新与实践能力的培养至关重要，同时认识到实践教学也是提升应届生综合职业素养与市场竞争力的重要方式。[1] 具体可体现在下述几个方面。

（一）实践教学是高校教学的重要组成部分

应用型本科院校的教学形式既包含理论教学又包含实践教学。依据实践教学的内涵可以发现，实践教学更加注重夯实并扩展学生

---

[1]　贾宝栋，苍久娜 . 发展应用型本科教育的重要性 [J]. 价值工程 ,2010,29(30):158.

的基础理论，训练学生的实践能力，引导学生了解工作程序，熟悉工作环境，继而培养并提高学生的创新精神、组织协调能力与实践应用能力。因此，可以说实践教学在高校教育中具有重要地位。

（二）实践教学是培养应用型人才的重要环节

高校培养的应用型人才应当具备高尚的思想品德、扎实的理论基础、较高的专业水平和优秀的适应能力。为了达到这一目标，高校不但要重视理论教学，还要充分开展实践教育活动，因为在实践教学中，学生能够更加高效地将课堂理论知识转变为实际操作能力。可以说只有经历过实践教学培养活动的学生才能够同时拥有较高的实践应用能力和综合理论素养，才能够满足现代社会发展的需要，从而受到市场的欢迎与追捧。

（三）实践教学是培养学生创新能力的有效途径

实践教学促使学生把理论知识同真实生产结合起来，引导学生从课堂环境迈向现实生产，同时引导学生在生产过程中深化在课堂中掌握的基本知识，既拓宽了学生的认知视野，又能够激发学生的创新活力。实践教学活动的开展可以让学生在锻炼操作能力的同时学会发现问题，提高独立思考并解决问题的能力。通常来说，设计不同的实践教学内容，能够让学生更积极主动地展现自身的创造性才能，培养学生的创新意识和能力。

（四）实践教学是高校为地区服务的重要途径

应用型人才的培养应"立足地市，为地方服务"，并且同地区经济发展的实际情况相结合。应当针对地区经济水平与技术产业的发展、产业结构的优化和升级、可持续发展与资源循环再利用等重要领域开展研究，充分利用高等院校具备的教学资源与人才资源优势，与地方企业或机构开展多层次人才交流学习活动，鼓励师生深入地区生产一线开展实践教学活动，在促使高等院校服务地方的同时带动自身的发展。由此可见，实践教学是高等院校为地区发展献力的重要途径。

综上所述，不难看出，在应用型本科院校进行人才培养的过程中，实践教学在高校整体教学中占据重要地位，是培养综合应用型人才的重要途径，同时也是高校服务于地方的主要方式。因此，实践教学的开展既影响着高校的人才培养战略，也影响着高校的持续发展。

五、实践教学的理论基础

（一）马克思主义实践观

在马克思主义实践观中，人类认识的来源和认识发展的根本动力都是实践，只有实践才能检验出认识是否具有正确性。[1] 实践跟认识之间的关系是辩证统一的，前者决定后者，后者反作用于前者。

---

[1]　李平. 探究性学习在技校政治教学中的开展 [J]. 职业 ,2011(30):87-88.

也就是说，实践突出了人的主体地位，人实现全面发展的根本途径就是实践。

作为一种实践活动，教育的主体是人。人在不断的实践中，借助主客体之间的联系与作用不停地对人类社会形式的组成与活动内容进行改造。在实践过程中掌握更多的知识和能力，关键是要在实践中逐渐形成或者转变自身的观念，形成社会生活中必有的基本素质，最终实现个性发展、个人素质与自我价值的统一。

在培养应用型人才时，学生是教育活动的对象，只有让学生在教育实践中占据主体地位，让学生参与到实践教学中，才能保证学生全面发展，帮助学生在毕业之后更好且更快地融入其职业生涯中。实践教学很好地突出了实践教学中学生的主体地位，且可以让学生在教学过程中积累丰富的社会经验，提升学生的知识、技能和思想道德水平。学生参与各种形式的实践教学活动，有利于其自身主观能动性的提高，使其自主使用掌握的知识理论发现、分析和解决实践中出现的问题。这样也可促进学生创新能力与动手能力的提升，使其实现全面发展。

（二）多元智能理论

1983 年，世界知名发展心理学家霍华德提出了一个十分经典的理论，即多元智能理论。他认为，学校传统教育过度重视学生的逻辑，也就是在语文和数学上倾注了大量的心血，实际上很多人在这方面的智能可能并不具备优势。事实上，每个人的智能组合都会有一些不同①，而智能总共可以分成七个范畴，包括语言智能、空间智能、音乐智能、内省智能、逻辑数学智能、肢体运作智能、人际智能。②最初，该理论框架只在幼儿园和小学阶段应用，其实它对中学、大学乃至职业培训也十分适用。

应用型本科院校也应该充分应用多元智能理论。要在培养人才的过程中重视学生自身的个性特征，运用多元智能教学策略，以开发学生潜能为目标，在实践教学中使用各种各样的教学方式来适应知识基础不同的学生。让学生在正确的教学方式下更为自由地成长，易于使他们变成满足市场需求的优秀应用型人才。高校既要注重理论教学，也要注重实践教学。教师应将教学与实践联系起来，让学生在实践中产生更多的学习热情。学生在实践活动中可掌握更多的知识和技巧，并将学到的理论转化为自身的工作能力，从而为毕业之后进入工作岗位做好准备。

（三）能力本位教育

20世纪60年代，全世界刮起了一阵能力本位教育思潮，这也是一种职业教育与培训思潮，主张建立一个围绕能力展开的职业教育体系，目标是让学生掌握岗位操作能力。其拥有一个突出优点，即相关教学目标以学习者掌握某些工作能力并能够胜任某个岗位为

---

① 蔡翰晶. 中等职业学校语文教学研究 [D]. 苏州：苏州大学,2010.
② 张胜男,黄吟. 从学生角度看"多元智能"理论的"教"与"学"[J]. 现代交际,2010(9):188.

基准，具有极强的针对性，且更为具体。要想达到这个基准，各单位就要跟学校密切合作。能力本位教育根据每一个职业岗位的具体要求来综合分析制订教学计划，组成各种教学单元与教学模块，为学生提供接受教育的机会，所以其同时还具有极强的灵活性。

实践教学承担的责任不再是单纯地让学生掌握一个具体的专业技能，它还需要学生在实践过程中获得社会能力。学校需要联合用人单位一同参与到实践教学环节的设计中，为学生提供更多参与企业生产、掌握职业能力的机会。所以，学校先要引导学生掌握基本理论知识，之后以学生更好地适应未来的工作学习为目标设计教学任务。具体要结合学生的学习目标来设计教学目标，要向学生提供深入企业生产一线、亲身参与生产环节的机会，而教师需要在整个过程中做一个控制者和指导者，确保实践活动不会跑偏，引导学生积极参与实践，同时营造一个真实的环境，让学生在实践中学会独立思考，独立发现，独立解决问题。

第二节 校内虚拟仿真实践教学模式的构建

在虚拟仿真实践教学中，教师可以充分利用虚拟现实技术为学生构建仿真的虚幻场景、充足的实验条件、多样的交互环节以及丰富的学习内容，为学生提供一个随时随地自主学习与在线模拟操作的机会，这是高等教育面对现代化出现的全新教学模式，顺应了高等教育信息化发展的趋势。

虚拟仿真的一大特征就是标准化，无论是内容、程序、方法、结果都是标准化的，甚至训练的步骤、时间和评价都是十分准确具体的。在前往企业实习之前，学生可以先通过虚拟仿真实验平台进行模拟仿真训练，该平台会对学生进行考核与鉴定，同时指出学生的薄弱环节，并提供针对性的强化训练。它既可以让学生对理论知识有更深刻的认识，也可以让实习周期缩短，为学生提供实习前的针对性培训，而且也规避了过去实践效果评估标准不详细、参与度低的弊端。

一、虚拟仿真教学资源的功能、建设及应用

（一）虚拟仿真教学资源的功能

1.漫游性功能

学生可以通过漫游性功能从虚拟环境中大致认识未来的工作环境、生产设施以及相关生产要求，加深对岗位工作环境的理解，并对岗位上需要操作的各种设备、设施有一定的了解。

2.演示性功能

学生可以通过演示性功能从虚拟环境中了解到工作岗位的一些操作方法、操作步骤以及操作结果的相关演示，而这些内容以往都

是由教师口述或者借助多媒体来为学生演示的。相比较而言，虚拟仿真教学模式能让学生有更真实的体验感，就仿佛确实置身于工作场景中围观或亲手进行操作演示。这种演示显然要比使用传统教学方式演示更能带给学生深刻的印象，让学生对操作程序更为熟悉，更加重视安全生产和安全操作，可以有效提高实践教学质量。

3. 互动性功能

在虚拟仿真教学中，学生有大量的互动机会，如通过鼠标、键盘等设施来操作与管理虚拟环境中的各种设施、设备，可以有效提高实训效果。

4. 考核性功能

考核性功能主要是借助虚拟仿真技术考核学生的操作技能和学习能力，保证考核的方向性、公平性、趣味性、激励性，让考核手段更为科学。

5. 综合性功能

虚拟仿真教学资源为学生提供了参与大型虚拟仿真实训的机会，其具备多种多样的功能，学生只需在虚拟环境中便可训练自己的各项技能。

（二）虚拟仿真教学资源的建设原则与标准

1. 建立教学资源统筹规划机制

（1）建立组织机构。为了促进各大高校的相互协调、统一规划建设，先要成立具体的部门，让省级实验教学示范中心与国家级实验教学示范中心成为其成员。同时，还要定期开展会议，会议内容围绕本年的建设情况以及下一年建设任务的规划进行讨论。

（2）制定项目管理方案。在确定项目建设任务后，承接任务的中心负责组织虚拟仿真教学资源脚本的撰写、建设经费的筹集、项目预算评估以及管理项目的具体实施。成立的组织机构统一公告各中心的建设任务，并通过招标方式选择开发商，如此一来既可以减少成本，选择更优质的制作公司，又能让高校得到项目知识产权。

（3）确立权利和义务的关系。项目的开发经费由所有中心自己支付，知识产权也归各中心所有。应赞同在公共平台上公开、共享实验项目，并根据开发成本、共享程度等来得到一定的报酬。

2.坚持虚实结合建设原则

虽然虚拟仿真实验优点众多，但其终究只是教学中的补充与辅助。倘若用虚拟仿真实验替代所有的实体实验，同学们将无法真实感受实践，甚至可能会眼高手低，不利于培养其实践动手能力。学校要以学科特点为基础，来确定虚拟仿真项目。虚拟仿真实验教学实验室、实验项目一般可以运用在不具备足够条件或者无法达成想要的教学效果，或者环境过于极端、无法逆转、成本较高、比较危险的教学内容上。

3.建立教学资源分类标准

虚拟仿真教学资源分类标准的建立有助于教学资源的开放共享

与统一规划。

（1）根据文件属性来看，可以分成静态模型与动画程序。前者是借助计算机软件构建现实中的仪器设备、药品试剂等模型，这也是虚拟仿真实验项目的基础。后者则是借助计算机，使用一定的逻辑关系，让静态模型具备一段完整功能的可执行代码。

（2）根据开发方式来看，可以分为三类。第一类为虚拟动画，即通过动画开发软件的一些交互环节或者流程连接静态模型的一个动画程序，如 Flash 动画。此类资源的操作只需用键盘、鼠标，方便共享。第二类为仿真软件，即按照某种物理、数学模型所建立的虚拟动画资源与模拟算法程序，更关注模拟、仿真与计算，一般由专业公司开发，受到知识产权的保护，不方便共享。第三类为软硬件交互程序，就是通过各种软硬件实现交互功能的仿真程序。此类资源要求配置较高，要想进行人机交互、仿真操作，就必须具有一定的硬件环境。

（3）按照内容展现形式划分。它包括多维展示、平面展示（2D）和立体展示（3D）。其中平面展示主要为依靠手机或者电脑屏幕显示内容，并借助触摸键、键盘与鼠标进行交互。立体展示则是借助大型环幕、立体投影系统、3D 眼镜等科技来展示内容，能让人有很强的沉浸感。多维展示需要运用位置跟踪定位装置、数据服、数据手套、触觉反馈系统、头盔显示器等各种特效功能，此类资源让用户仿佛置身于实地中，甚至还能接收到位置、温度、力量的反馈，跟其他展示形式相比有更好的体验效果，但其对技术要求较高，难以轻易开发出来。

4.建立练习和考核两种工作模式

在虚拟仿真教学资源的基础上，学生可以自主再现学习，进行模拟操作，同时教师也可以对学生的知识掌握程度进行评估，所以在进行资源建设时，要确保其具有两种工作模式，分别供学生练习，供教师考核。

练习模式主要指学生进行仿真测量、实验操作与培训，软件并不会对其实验操作打出分数，但会在后台记录用户的在线时间与操作。

考试模式则是设定一个时间范围要求学生完成各种仿真测量、实验操作与培训，但软件并不会做出任何提醒或者指导行为，待时间结束，系统会根据学生操作自动打分，并记录用户的在线时间与各种操作。

5.建立比例适当的标准化和综合设计实验

如今大部分虚拟仿真实验都是单线程与播放式的，在互动上缺乏随机性、拓展性和任意性，这对学生创新能力与综合设计能力的提高帮助不大，所以应尽快建设完善综合设计实验项目。

标准化实验的主要目的是让学生掌握操作流程、基本原理与工程应用。通常情况下，具有基础性、安全性与经典性特征的实验内容最适合开发成该类项目，而其跟实验录像的有机结合，可以对实验教学起到很大的帮助。

综合设计实验则是一种虚拟仿真实验项目，它碎片化处理了综合实验，要求学生从一个个独立的操作单元中选取实验参数、设计实验方案，并进行操作。它更倾向于设计而非单纯地动手操作，所以非常有利于促进学生学习创新理论和技术，对培养学生的创新思维和综合设计能力十分有效。

6.建立教学资源门槛准入标准

优质教学资源共享是建设仿真实验教学中心的核心，它可以激发学生的学习兴趣，发挥出辐射示范与引领示范作用，而这也意味着必须建立一个教学资源门槛准入制度，保证在公共平台上共享的教学资源都具有较高的质量和水平。

高质量的教学资源往往具有一定的专业特色与学科优势。许多高校的某些专业有很长的发展历史，积淀深厚；还有一些高校的专业是其他高校无法开设或者没有开设的，在这些单位的主导之下，具有地方与专业特色的优质教学资源能够顺利形成。

在建成教学资源之后，应组织相关领域的专家学者和教师站在技术实施和专业知识层面上对教学资源的质量和效果进行评估，且其只有通过了评判才能在公共平台上共享，否则仍需不断完善直至达到合格标准。

（三）虚拟仿真教学资源的应用

第一，学校领导必须树立革新意识，转变传统观念，加大对虚拟仿真教学资源建设的重视程度，为其拨更多的发展资金，并购买或者自主开发虚拟仿真教学软件。并且，要鼓励教师在实践教学中积极使用虚拟仿真教学资源，奖励那些取得了一定成果的教师，从各个方面为虚拟仿真教学资源在教学实践中的应用保驾护航。

第二，在实践教学中，要以学生实践岗位的特点和要求为出发点来使用虚拟仿真教学资源，根据真实的工作任务与过程设计对应的实践教学内容，为学生建设一个真实、与教学目标相符的立体实践教学环境，促进其专业技能的提高。学校要考虑到学生未来工作岗位的实际需求，在虚拟仿真教学资源中融入那些先进且有代表性的工艺和设备，让学生掌握跟工作相关的知识和技能。在经过虚拟仿真学习之后，学生会更加熟悉工作流程、操作方式以及岗位的相关情况，为其将来毕业后就业奠定基础。

第三，在将虚拟仿真教学资源应用于实践教学中时，教师要充分发挥其想象性，从学生的认知水平、心理发展以及教学内容出发，设计实践教学场景，增强学生的学习兴趣，开发学生的想象力，促进其创新能力的提高。

第四，要充分发挥出虚拟仿真技术的交互性，创造各种让学生之间相互协作、具有较高互动性的教学任务，促使学生在虚拟情境中通过合作共同完成任务，培养学生的合作精神以及协作解决问题的能力。

第五，建立虚拟仿真实验共享平台，实现虚拟仿真教学资源的共享。不管是二维、三维还是二维与三维相互结合的虚拟动画，都可以构架在相同的共享平台中。学校可以采用 B/S 模式或 C/S 模式的平台结构。其中前者运行速度快，对客户端的要求低，但必须有一定的网络条件；后者更加稳定且技术成熟，如今许多大型网游都采取这种模式，不过需要提前花费一定的时间来下载客户端。如今，有些高校已经开通了具有 C/S 结构的虚拟仿真平台，在该系统中整合了各种虚拟动画资源与学习资源，学生可以通过该平台自主学习和实验，同时也方便教师与职能部门的管理和监控。

建设单位应具有知识产权，从而促进虚拟仿真实验教学资源的共享。各单位的高质量资源在共享机制下被整合在一个平台中，且根据资源的质量与数量分配账号数量与积分，保证资源对接有效，整合有序，方便进行更新、维护与访问。随着用户和资源的不断增多，更多资源得以优化与分享，资源的使用效率与系统的执行速率也将不断提高。

二、经管类专业校内仿真实习平台建设

（一）经管类专业校内仿真实习平台建设的基本原则

1.仿真性原则

之所以要建设仿真实习平台，正是为了对课堂理论教学中的不足进行弥补，让学生能够体验与实际职场相似的模拟环境，在模拟环境中感受企业的氛围，加深对已掌握知识的理解。所以，实习平台必须具备足够的仿真性，才能切实对学生实践能力的培养起到帮

助。学校要根据企业实际情况建设仿真实习平台，根据岗位的技能要求以及企业的真实环境设置实习组织，营造实习环境，让学生在实习平台中的操作尽可能接近于实际操作，增强学生的综合素质与专业技能。

2.系统性原则

经管类专业的实践性比较强，未来的工作岗位要求学生不仅要在课堂中掌握各种专业知识和技能，而且要增强自身的综合素质，如协调能力、沟通能力等。所以在建设仿真实习平台时应具有系统的思维，从企业和行业需求的能力结构出发，设计出各种业务流程与业务环境，从多个角度训练学生各方面的能力。除此之外，高校在设计仿真实习平台时可能会涉及各种专业，所以在建设平台时也要考虑到每个专业的要求和特点，力求具有实用性和通用性，能够适用于各个专业。

3.先进性原则

学生在仿真实习中掌握的各种技能对其将来的就业水平与就业能力有很大的影响，当学生拥有先进、科学的经营理念、管理技巧时，在未来就业时将会具备更强的竞争力，对顺利就业和未来的发展非常有帮助。所以学校要站在长远的角度进行仿真实习平台建设，具体设计的业务规则与构建的管理模式应具有前瞻性，可以将行业、企业未来的发展方向体现出来，将专业领域的先进思想和方式体现出来，让学生在仿真实习中学习与体验先进的专业理念、管理模式与业务流程，增强其竞争力。

4.开放性原则

在建设经管类专业仿真实习平台时还需要遵循开放性原则，既要让本校学生拥有进行仿真实习的机会，也要为本专业领域中的企业人员提供职业资格考试与职业技能培训的功能，让相关培训机构和考试机构成为学校与社会交流的桥梁。这样可以帮助学校获得额外的经济收入，从而更好地建设仿真实习平台。同时，学校也可以在与企业的接触中了解企业的发展动向，了解其对人才的具体需求，获得更加准确和及时的反馈，并根据这些信息对仿真实习的流程和规则进行一定的调整，达到增强教学效果，提高学生实践能力的目的。

（二）经管类专业校内仿真实习平台建设的特点

1.实习机构的仿真化

经管类学生参加专业仿真实习主要是为了学习和体验企业的经营运作流程，所以建设实习平台的基础性工作就是构建出有关企业经营的仿真实习机构。在建设实习平台时，可以将生产制造类企业当作主要的实习单位，围绕此类企业的生产经营活动逐步推行学习活动，同时让学生逐渐接触到服务管理机构与外部公司设立的内容。具体来说，学校要根据实习学生的数量选择七个左右相同行业下的企业，在企业之间设置竞争关系，让实习小组相互竞争。为了开展企业的日常经营活动，还要设置与企业进行贸易往来的外部公司，如原材料供应商、设备供应商、银行、客户企业、会计师事务所等。

除此之外，为了让仿真企业经营活动在一个良好的市场竞争环境中有序开展，还要设置一些市场管理与服务机构，如税务局、工商局、人才市场等。这种充分、完善的实习机构设置很好地顾及了经管类专业的特点，包含多种市场主体和企业，设计的经营管理职能十分广泛，可以体现出企业对各种人才的需求，能够满足各种专业学生的实习需求。

2. 实习环境的仿真化

校内的仿真实习也是一种情境模拟的形式，而模拟环境的仿真性对学生学习效果的影响十分重要。所以，如果学校条件允许，应尽量按照实习机构的真实经营环境进行布局设计，在仿真实习平台上为学生提供和将来就业环境几乎完全相同的实习环境。实习环境越接近真实情况，学生的学习效果越好。具体来说，设置实习环境包括布置实习场地、配置实习设备。学校应按照学生的实习内容来配备相应面积的实习场所，尽量将场所选在一个比较独立、安静的位置，确保学生的实习过程不会被外部环境影响。在实习场所里，要根据业务内容以及企业机构来设计场景、规划布局，同时按照实习需求来配置实习设备。通常情况下，在实习小组中会设置多个部门，如市场部、业务部、财务部等，各小组成员根据自身专业情况来扮演小组里的某一个角色，以此来提高自身运用专业知识的能力。

3. 业务规则的仿真化

在建设仿真实习平台时，要根据企业实际经营制度来设计业务规则，为同学们带来更加真实的体验，让学生深入感受企业的经营规律。这些规则包括基本业务规则，如会计规则、生产运营规则、产品认证规则等，同时还要包括和外部市场交往的规则。除此之外，教师要在仿真实习中反复强调各种规则，保证学生确切加以了解，避免仿真实习流于形式。例如，在对产品进行国际标准认证时，需要一定的周期，所以学生必须在开发产品时提前且连续对产品进行认证，倘若学生没有注意到这个规则，那他们开发出来的产品也无法顺利进入市场。学生在仿真实习中经常会出现忘记认证产品或者认证周期只有一个的情况，从而导致产品已经开发完毕，却难以投入市场销售，如果这种情况在真实的工作环境中发生，必然会令企业蒙受巨大损失。

4. 业务内容的仿真化

倘若实习环境、实习机构与实习规则让仿真实习拥有了一个接近真实的硬环境，那么设计和选择业务环节则是其软环境。学生如果想对企业在经营过程中可能面临的情况进行深入了解，就必须参与到一个有着高度仿真企业经营业务数据和业务流程的仿真实习活动中。在业务流程设计上，一方面要从学生的专业特点以及岗位需求出发，确定岗位的工作职责、工作性质、工作流程、工作内容等，从而让学生在实习中切实发挥自己的能力，深入了解与感知工作的内容与性质；另一方面要从企业经营实际情况出发来制定业务流程，实习生必须严格遵守设计好的业务流程逐步展开各项工作，从而加深学生对企业经营内容与运作规律的认识。设计的业务内容中难免会有许多企业经营数据，如原材料成本、银行利率、企业资产、产品售价等，这些数据可以反映出企业发展的背景，让学生了解大致的市场情况，是学生仿真实习的基础和前提。

（三）经管类专业校内仿真实习平台建设应注意的几个问题

1.加大仿真实习平台建设投入

经管类专业的仿真实习平台需要投入较多的硬件与软件，如计算机设备、实验室、实习软件以及仿真的企业经营环境等，要求资源投入较大。因此，学校必须认识到培养学生实践能力的重要性，对仿真实习形式给予重视，投入大量资源并在政策上支持仿真实习平台的建设。当然，在建设仿真实习平台时，也要注意协调其他平台建设，保证平台之间的资源互补，避免出现实习平台资源重复建设的情况。

2.注重教师团队建设

经管类专业的仿真实习平台教学需要一个拥有丰富实践经验的教师团体，只有这样才能确保企业经营规则和业务内容不会出现问题。学校要培养出一支能力强大的教师队伍，借助企业挂职、仿真实习教学培训等多种形式增强教师的指导与业务能力，从师资角度保障仿真实习顺利进行。在建设仿真实习平台时，学科可以在每学期派遣一些教师通过企业挂职来提高其自身实践能力。事实证明，这样有利于增强教师的仿真实习教学能力，可以让学生的仿真学习效果变得更好。

3. 注重仿真实习过程管理

仿真实习通常以小组方式进行，所以可能会出现一些学生在实习过程中搭便车的现象，如缺席实习课或者对实习过程不认真。这时候，学校就必须对仿真实习过程加强管理。一方面，在实习之前做好动员工作，让学生认识到仿真实习的重要性和价值；另一方面，设置完善的实习制度，重视实习日志、实习教材等，要求学生必须在实习中按照规定上交实习日记，将实习的经历以及自身的体会记录下来，提高仿真实习质量。

4. 注重校内仿真实习与校外企业实习相结合

校内仿真实习跟校外企业实习之间并非矛盾关系，它们是相辅相成的两种学习模式，因为仿真实习终究是情景模拟类的教学方式，不管设计出多么逼真的场景，都无法完全取代实际的企业运作。学校可以将仿真实习作为校外实习的基础，从学生入学到毕业多个阶段组织仿真实习，加深学生对企业的了解，让学生掌握基础的企业运作情况，而在有了一定基础之后，再让学生参与校外企业实习，就可以有效提高校外企业实习效率，让学生具备更强的工作能力。

三、经管类跨专业虚拟仿真实训课程的开发与实施

经济的发展让社会越来越需要那些开放型、应用型、复合型人才，学校也应顺应时代发展潮流，组织经管类专业学生参与到"经管类跨专业虚拟仿真综合实训"中，让学生在接近真实市场环境的仿真

社会环境中体验制造企业、商贸企业、政府部门与服务型企业等各种各样的工作岗位,并要求学生协同完成创办企业、经营管理等任务,以此来训练学生的职业能力、团队协作能力、自主分析与解决问题能力、专业知识应用能力等。

(一)经管类跨专业虚拟仿真综合实训开展的必要性

1.经管类专业就业岗位要求学生具备多专业知识和技能

经管类学生的就业岗位一般分为物流类岗位、工商管理类岗位、国际贸易类岗位、财务会计类岗位等,各岗位之间有着密切的关系,相关业务以及运作流程具有关联性、交叉性、交互性和协作性。经过经管类跨专业虚拟仿真综合实训,学生可以了解到企业之间、企业各部门和岗位之间的相互关系,并通过观察、交流或轮岗来掌握跨部门和跨岗位的多专业知识和技能。

2.用人单位要求学生具备相当的职业能力和职业素养

根据对用人单位的调研发现,它们更看重学生的职业能力和职业素养,如学生的敬业精神、专一程度、团队精神、沟通谈判能力、执行能力等。仿真商业环境可让学生的训练处于一个接近真实企业情况的环境中,对学生职业素养与职业能力的提高有很大帮助。

(二)经管类跨专业仿真商业环境的构建

构建仿真环境有两个要求,一是要接近真实的商业环境,二是必须与专业培养目标一致。以财务管理、国际经济与贸易、物流管理和工商管理专业为例,本书选取商业仿真环境需要的商贸类企业、生产制造企业、社会服务类企业和政府部门构建仿真实训环境,如图 4-1 所示。

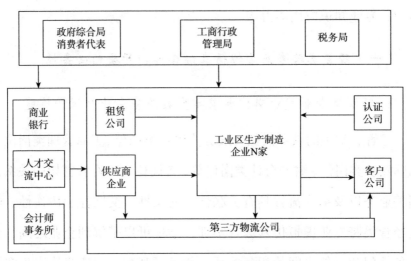

图 4-1　仿真商业环境的构建

1.商业仿真环境各组织的主要职能

把商业仿真环境分成四个大区,包括工业区、商贸区、现代服务区、行政服务,每个区都包含多个政府或者企业组织,每个组织有不同的职能,如表 4-1 所示。

表 4-1　商业仿真环境各组织的主要职能

规划区	仿真组织名称	主要职能
工业区	生产制造企业 N 家	生产和销售大众需要的消费品

续表

规划区	仿真组织名称	主要职能
商贸区	供应商企业 N 家	提供制造企业生产需要的原材料和设备
	客户公司 N 家	把从消费者那里获得的订单发给制造企业生产
	租赁公司 N 家	把从供应商那里购买的机器设备租给制造企业
	第三方物流公司 N 家	为供应商、制造企业和客户公司提供物流运输业务
	认证公司 N 家	为制造企业提供产品研发和认证业务
现代服务区	商业银行 1 家	为工业区和商贸区的所有企业提供金融服务
	人才交流中心 N 家	为工业区和商贸区的所有企业提供人才交流服务
	会计师事务所 N 家	为工业区和商贸区的所有企业提供会计咨询服务
行政服务区	工商行政管理局 1 家	工商注册和市场监管
	税务局 1 家	纳税辅导和征收税款
	政府综合局 1 家	政府职能和消费者代表，包括市场需求、原材料供应、工资代收、"五险一金"的代缴等

2. 制造企业的组织结构和岗位

制造企业的部门包括市场部、采购部、人力资源部、行政部、生产部、财务部等。每个部门都设置了不同岗位，可以供各专业学生参与实习。

虚拟仿真实训企业总经理需要经过竞聘产生，而其他岗位则是教师安排与学生自主选择相结合，一些岗位还可以进行合并，一人担任多岗，或根据工作需求采取轮岗制度。制造企业的主要岗位与职责如表 4-2 所示。

表 4-2　制造企业的主要岗位与职责

部门	职位	岗位主要职责
行政部	总经理	主持公司全面工作，负责公司经营发展
	秘书	会议记录、制度制定、工商注册等职责
人力资源部	人事经理	管理人力资源部，制订员工需求计划与预算
	人事主管、劳资主管、培训主管	分别负责公司的人员招聘、人员培训、晋升、工资计算等业务
财务部	财务经理	对公司的财务管理全面负责；拟订筹资、投资方案；编制财务预算
	总账会计	记录经济业务；组织会计核算；登记账簿；对账，结账；编制财务报告
	税务会计	主要负责税务的有关业务
	成本会计	主要负责成本核算的有关业务
	出纳	负责公司现金收付，登记、记账等
市场部	运营经理	全面负责公司营销规划与管理
	销售主管	负责公司销售发货、销售决策等业务
	客户主管、信息主管	负责市场信息采集、客户关系维护等业务
生产部	生产经理	对公司生产管理负全面责任，制订生产预算以及设备需求计划
	计划主管	主要负责制订生产计划和材料需求计划
	车间主管	产销排程，车间作业，设备需求计划
采购部	采购经理	负责公司材料采购，编写采购预算，签订采购合同

续表

部门	职位	岗位主要职责
物流部	仓储经理	负责公司物流与仓储工作，制定物流预算
	物流主管	负责公司物流运输安排工作

（三）经管类跨专业虚拟仿真综合实训的组织与管理

1.实训教学安排

在培养物流管理、工商管理、财务管理和国际经济与贸易专业的人才时，学校可以选择在第五学期开设虚拟仿真综合实训课程，让学生连续三周参与实训，授课时长达 72 学时，共 3 学分。这些课程包括所有基础课程、专业课程以及专业实践课程，其中实践课程包括认知实习、专业仿真实训课、沙盘模拟经营训练等课程。将经管类专业学生分成四批，每批学生组成一个包含 4 个专业的学生的跨专业班级，并按照不同人的专业特点安排相应岗位，学生要参与连续 3 周的实训课程，根据企业的"上班"要求完成在仿真环境中的岗位任务，当一个教学批次将所有教学任务完成之后，再开始下一个跨专业班级实训。

2.教师的组织和管理

为了确保经管类专业虚拟仿真综合实训能够达到规定的教学要求，实训教学部可以从本专业中抽调一些具有丰富工作经验或者实践教学经验的专业教师，形成一个教学小组，在每个教学批次都安排 4 位不同专业教师共同进行授课，并选出 1～2 位教学组长，专门负责协调与统筹学生实训情况以及各项事宜。实训教师在教学过程中要涉及各种实训项目，对实训的进度进行控制，同时集中进行巡回指导，为学生答疑解惑，维持现场秩序，协调公司之间的业务关系。在实训完成之后，教师要根据学生在实训里的经营业绩、工作表现、成果、任务完成情况等，综合评定其实训成绩。

3. 学生的组织和管理

在虚拟仿真综合实训中，经管类专业会根据商业仿真环境中设计的业务总量构建出相应的组织单位，并以此为基础组建相应的学生实训团队，根据每个组织的业务量以及其发挥的作用，安排 2～17 人形成一个团队。4 个专业的学生通过竞聘选出团队负责人，剩下的岗位则是团队自行分配，或者直接接受教师的统筹安排。原则上所有制造企业都需要有两名以上会计专业学生，其他企业则至少有一名会计专业学生；在制造企业、客户公司等组织单位中重点安排市场营销专业学生；在供应商企业、第三方物流公司等企业中主要安排物流专业学生；工商企业管理专业的学生可以按照实训要求分配到任何一个组织单位。

4. 教学内容的组织和安排

虚拟仿真综合实训的教学内容具有竞争性、创新性、协作性、专业性等特点，打破了以往的专业限制。学生必须运用掌握的跨专业知识才能完成实训单位组织安排的岗位工作任务，同时每一个岗位和组织都在这个仿真环境中激烈竞争，若想完成教学任务，需要组织之间以及组织单位内部进行交流、合作。在实训过程中，学生会遇到一些传统教学中从未出现的实际问题，此时学生就要充分发挥自己的创新精神加以解决。

具体的实训项目和安排如表4-4所示。

表4-4　经管类跨专业虚拟仿真综合实训的教学内容和实训安排

实训项目	组织名称	主要实训内容	课时
实训动员会	全部组织	说明实训的必要性、教学内容、实训和考核方式等	2
组建学生团队	全部组织	负责人竞聘、岗位分工、理解岗位职责等	4
工商登记注册	经营单位	名称预核准、工商登记、申请公章、税务登记等	2
开设银行账户	全部组织	开户申请、预留印鉴、银行发证等	2
学习规则	全部组织	说明组织之间的关系，组织内部经营规则	4

续表

实训项目	组织名称	主要实训内容	课时
进行两年度的经营	制造公司	客户开发、商务谈判、获取订单、采购原材料、购买设备、员工招聘培训、财务核算、资金收付、筹资管理等	50
	供应商公司	商务谈判、销售设备和材料、合同管理、财务管理	
	客户公司	商务谈判、外发业务、合同管理、财务管理	
	物流公司	揽收业务、运输业务、商务谈判、财务管理	
	认证公司	产品认证、质量认证、财务管理	
	租赁公司	设备购置、设备租赁和管理、财务管理	
	商业银行	对公转账、信用贷款、银行对账	
	人才交流中心	人员培训、人事代理、财务管理	
	政府单位	市场监管、税务征收、政策发布、消费者代表	
创新竞赛	全部组织	品牌设计、产品创新、管理创新、创意等展示	4
资料的收集和整理	全部组织	财务表单：原始凭证、记账凭证、明细账、报表 经营表单：营业执照、购销合同、入库单、送货单、工资表、盘点表、收货单 经营总结：个人经营总结、公司经营总结	4

第三节　校企合作下双轨多层实践教学
模式的构建

一、校企合作的概念及意义

校企合作指高等院校与企业在人才培养、科学研究、技术服务等领域开展各种合作活动。它的主导思想是利用学校与企业双方的资源，以培养学生的综合素质为目标，采取课堂教学与生产实践相结合的方式，培养适应生产、建设、管理、服务一线所需要的高端技术技能型人才。为培养复合型人才，高校应积极推行与生产和社会实践相结合的学习模式，把工学结合当作人才培养模式改革的切入点。校企合作的意义如下：

（1）校企合作是实现经管类专业人才培养目标的必由之路。经管类专业人才培养目标是为地方社会发展和经济建设输送掌握了一定经济管理理论且具备实践能力与创新精神的优秀人才。经管类学科是一门综合应用型学科，对理论联系实践格外重视。学生往往需要在一次次实践活动中逐渐发现经济活动的规律与本质，再将其总结为理论，并将理论应用于实践，对实践中遇到的问题进行分析和解决。经管类专业要想实现人才培养目标，就必须构建一个协调理论和实践的专业课程。从当前情况来看，倘若只由课程专家或者专职教师负责课程建设，由于其所处位置的局限性，很容易让课程建设过度重视学科知识，只依靠"学科本位"构建课程，那么培养出来的人才就可能没有足够的实践能力，难以顺利就业；如果单纯依靠企业来承担课程建设工作，又会导致急功近利的情况出现，而且过度重视实践能力，依靠"技能本位"来构建课程，专业课就会变成一个岗前培训课，难以顾及学生的创新能力、综合素质与发展潜力。由此可见，如果校企合作建设课程，就能取长补短，将校企双方的资源充分利用起来，培养出既具有专业知识与技能、综合素质高，又具备实践能力与创新能力的复合型人才，满足当前社会发展对人才的需求。

（2）校企合作有利于资源共享，对提高经管类专业教学质量有很大帮助。如今，中国高校经管类专业在基础条件、实践教学理念、教学方式、教学内容以及整个教学体系等诸多方面都无法与已经发展较为成熟的理工科的一些专业相比。比如，在校企合作实践教育上，理工科专业已经发展出了一套完善的实践教育体系，而经管类专业仍在摸索中。站在经管类学科特点角度来看，学科教学的主体为理论教学，而理论教学的技术支撑则是实践教学，这两者之间的关系本来就是相互协调、相辅相成的。[①]如果通过校企合作进行课程建设活动，在不投入更多资金的基础上，将企业课程资源引入校内，可以让教学条件得到极大的改善，实践教学的效果也会更加明显，整体教学质量将得到极大地提升。

二、校企合作下双轨多层实践教学课程体系的构建思路

（一）构建课程体系的流程

在构建经管类专业实践教学课程体系时，应该先对本专业的人才需求情况进行调查分析，并在此基础上提炼专业技能，确定人才培养目标，制订专业人才培养方案，进而构建有效的实践教学课程体系。经管类专业实践教学课程体系构建的流程如图4-2所示。

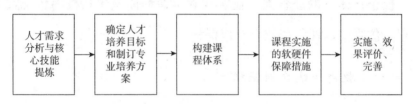

图4-2　经管类专业实践教学课程体系构建的流程

（二）构建课程体系的思路

由于管理岗位的特殊性，企业一般不会接收工作能力不足、毫无经验的学生到管理岗位进行顶岗实习，学生长期从事简单、重复

---

① 耿洪英.经管类专业实验教学课程体系建设[J].经济研究导刊,2011(14):247-248.

的一线员工的工作又不能达到培养高素质经管类专业人才的目的。为此，经管类专业教师团队在对企业案例进行研究的基础上就可开发具有工学结合特点的校内多层虚拟仿真实训课程。通过仿真实训，学生能快速提升职业能力，并积累在模拟岗位的工作经验，可以为顶岗实习做好准备。但是，如果仅仅组织校内仿真实训，就算仿真程度再高，学生还是难以在真实工作环境下得到能力和素质的锻炼，所以经管类专业可构建"仿真＋真岗"双轨并行的多层次实践教学课程体系。这种教学模式旨在切实提高学生的实务操作能力和社会实践能力，提高学生观察、思考、分析问题和解决问题的能力。

三、校企合作下双轨多层实践模式的课程体系

校企合作下的经管类专业实践教学课程体系包括校内传统实训课程、仿真实训课程和校企合作课程。

（一）校内传统实训课程

校内传统实训课程主要有两大类，分别为单项技能实训与课堂实训。一方面，这些都为仿真实训课程奠定了基础，提供了辅助，在这些课程的基础上，学校也会得到更理想的仿真实训效果；另一方面，可以进一步完善传统的单项技能实训课程，如与仿真场景相互结合进行实训，或将得到更加可观的效果。

（二）仿真实训课程

仿真实训课程是通过分析真实的企业运作过程，使用仿真技术构建一个逼真的环境，并让学生在仿真环境中完成各种企业任务，从而实现提升学生能力的目标。这是一种全新的经管类学生技能训练模式，而且经过实践证明，该模式也是最有效的教学手段之一。

单一的仿真实训课程不能全面锻炼学生的综合能力，如过早地进行虚拟仿真综合训练，学生将难以理解复杂的企业运作过程。为此，经管类专业应构建多层仿真实训课程，如表4-5所示。

表4-5　多层仿真实训课程

层次	开课年级	主要特点	训练目标
第一层 模拟仿真训练	大一、大二	把企业运作过程抽象为简单模型，对工作流程和工作任务进行一定的简化	培养学生基本专业素养和基础技能
第二层 一般仿真训练	大三	专业仿真，单一专业环境的模拟，而且力求逼真，仿真任务、真实流程和表单	培养学生专业核心技能
第三层 虚拟仿真训练	大四	虚拟仿真，与复杂的社会经济环境高度一致，重视组织之间的互动、数据和处理结果与真实商业环境基本一致	培养学生的综合素质和综合技能，让学生成为复合型人才

（三）校企合作课程

1.经管类专业校企合作课程建设的指导思想

（1）以应用能力培养为核心。人才培养目标的实现前提是对现有实践教学体系进行不断创新和改进，创建一个主要培养应用能力的专业课程体系，既要让少数学生拥有继续学习深造的基础，也要让更多学生掌握谋生创业的基本能力。所以，经管类专业的校企合作课程不应局限于"技能本位"与"学科本位"这种单一的课程模式，而要建立一个符合职业需求、充分发展学生个性、注重培养应用能力的多元化课程模式，培养出既掌握基础技术操作与岗位技能知识，又掌握科学、系统、完整专业知识体系，拥有创新能力、发展潜力与实践能力的复合型人才。

（2）以整合校企课程资源为前提。课程资源即专门用于课程教学的信息、物质与人力资源。课程资源可以分为校内资源与校外资源、无形资源与有形资源以及条件性资源和素材性资源，而企业课程资源便属于其中的校外资源。

首先，校企双方对课程资源进行有效整合之后，可以使学校教学与企业实际需求相联系。比如，某学校在跟企业合作时得到一个项目，并将此项目用作实践教学，让理论与实践教学相结合，课程内容无缝对接企业的实际需求；在跟合作企业签订保密协议之后，让学生拥有一个进入企业进行实际工作的机会，让学生在真实的工作环境中不断学习,锻炼自身的能力与素质,为之后的就业奠定基础。

其次，校企合作课程的建设要耗费大量的人力、物力和财力，在整合了双方的资源之后，就能对资源进行更加充分地利用，校企合作课程建设成本将明显降低，合作效益显著增加，同时校企双方合作更加紧密，有利于维持一个稳定的长期合作关系。

（3）以构建校企合作课程建设良性互动机制为保障。良性互动机制是确保校企互动模式运行不受阻碍的保障机制。企业需要优秀的人才与利益，而学校需要建设课程，双方合作促成的课程建设互动模式便是科学地融合各方的需求和诉求，构建的一个能够在课程建设里传递和反馈信息的沟通模式，其在学校和政府、学校和企业以及政府和企业之间形成互动桥梁，将各方利益诉求联结到一起，促进校企资源整合，增强在课程建设合作中校企双方的"融合度"[①]，以此来提高合作课程建设的质量。在校企合作教育中，政府负责制定相关制度和政策，政府要充分发挥引导作用，保证校企合作进行课程建设的长期性和稳定性。所以，构建一个完善的互动模式并保证其有效运行是确保校企合作具有长期性和稳定性，以及保证课程建设质量的重要因素。

2. 经管类专业校企合作课程建设的内容

（1）制定多元化应用型人才培养目标和规格。人才培养目标的实现过程中会遇到许多限制因素，如社会与市场的需要、学生自己的诉求、学科专业的办学条件等。所以，学校应在了解学生与企业意见的基础上，以经管类专业办学条件为出发点，制定出多元化的人才培养规格与目标：①在很多学生看来，就业"出口"相对的是某个行业或者职业群，所以构建的知识目标以实用、能用为准，注

---

① 刘合群,陈小龙.高职院校校企合作课程开发的互动模式研究[J].职业技术教育,2011(7):32-37.

意培养学生的复合能力，即创新能力和实践能力；②一些学生有极强的进取心和求知欲，内心渴望为更高层次的目标奋斗，对此类学生，应在构建知识目标时注重广度和深度，同时构建的能力目标不仅要有创新能力和实践能力，还要有研究能力；③还有一些学生基础较差，他们很难适应传统的学科教学要求与学术标准，不过此类学生往往兴趣广泛、性格活泼、动手能力强，可以将岗位或者职位需求当作导向来培养其复合能力，同时保证知识目标构建维持够用的程度。

（2）构建满足职业、多元、个性发展需要的校企合作课程模式。学校应根据人才培养目标要求来选择合适的课程模式。要想实现经管类专业校企合作人才培养目标，就必须建设一个交织了职业、人文与学术的多样化的柔性课程模块与刚性的校企合作课程平台，组成一个应用型、知识面极广且理论跟实践相互渗透的多元课程模式。①

①构建校企合作教育课程平台。校企合作课程建设需要考虑到两个方面，一方面要保证学生的全面发展，注重素质教育与通识教育，展现出发展性与多元化；另一方面也要跟企业对人才的需求相契合，展现出应用性与职业化。根据该指导思想以及经管类专业教学的特点，可以将提高学生的创新能力、应用能力与综合素质当作目标，构建三个校企合作课程平台。一是知识平台，其中涵盖本专业与学科的基础理论以及相关知识。要根据应用学科发展来进行课程设置，以培养学生使用学科理论知识来分析和解决问题的能力。二是能力

---

① 齐平，朱家勇.应用型本科院校人才培养目标调整及其实现之策略[J].高教论坛,2011(6):51-69.

平台，可细分为专业技术能力平台与基本技术能力平台。实践课程设置一般会以学科的要求以及企业的岗位群要求为依据，如社会实践活动、实验实训课等，以培养学生的实际应用能力。三是素质平台，主要作用是培养学生的职业道德修养与身心素质，重视学生的个性发展，主要课程有人文素养、职业道德修养等。这三个平台之间相互独立，但又相互联系，知识的增长和素质与能力的提高得以相互促进，很好地体现了应用型人才培养的刚性特征。

②设置多样化校企合作课程模块。课程模块指的是一个按照特定比例将各种课程搭配到一起让学生选修的课程集合体。经管类专业校企合作课程建设可以分别在宏观与微观方面展开。

在宏观方面可设置三大类，分别为基本素质模块、专业基础模块与专业应用模块。其中，基本素质模块以培养学生的综合素质，如职业道德修养和身心素质为目标。专业基础模块则负责让学生掌握相关行业的基本能力与素质，为其将来的学习和就业奠定基础，让学生具备更强的社会适应能力。学生在该模块的学习中将逐渐在知识、心理、能力等方面做好未来就业的准备，且主要关注的是专业宽口径。专业应用模块主要培养学生从事具体职业的能力，强调就业岗位的实际需要，以提升学生应用能力为目标。

在微观方面，可以把上述各个课程模块中的课程按照经管类各专业的实际要求以一定的比例进行搭配，形成选修课程模块。根据人才培养目标可以将其分成三大模块，其中一般课程模块内容以培养一般应用型人才为主，适用于大多数学生，主要负责提高学生的应用能力、综合素质与创新能力。部分课程模块专门服务于一些偏向技能型或研究型发展方向的学生。例如，设置一些研究性质较强的项目实验课程，将企业、教师的项目课题融入课程模块，以此来培养这一类学生的研究能力。还有部分课程模块专门为那些动手能力较强、基础较弱、兴趣广泛的学生设置，注重培养其技能水平。在三大模块中，有许多的应用型课程，而且各模块的选修课程与实践课程比例大大增加，只是在理论课的深浅程度以及课程搭配比例上存在差异，其中偏研究型的理论课程有一定的深度和广度，应用型适中，技能型则偏浅。课程模块呈现出多样化特征，让各个层次学生的需求都得到满足，且为学生个性发展提供了充足的空间，体现出了柔性特征。

（3）校企合作共建经管类专业实践教学体系。院校只有不断对已有的实践教学体系进行改进与创新，才能离应用型人才培养目标的实现更近一步。如今高校经管类专业的"校企合作"已经成为发展的必然趋势，这是经济发展提出的客观要求，更是高校长久发展的必经之路。

①实践课程体系设置。要将学校与企业在理论跟实践上各自的优势充分发挥出来，协商设置课程，建设一个结合单项职业技能操作实践与综合性职业素养的课程体系，而且实践教学要以课程的特点与能力培养目标为出发点进行设计；要从企业实际需求出发，双方一同参与课程开发与实验项目选择等工作，突出课程体系的应用性。

②进行实践教学改革。实践教学以课内实践结合校外基地实训模式为主，以实现"四化"为目标：

第一，实践教学内容系统化。从单一实践转变成综合实践，打破学科之间的界限，主要目的是培养学生的职业素养，如由税务管理、财务会计等有关单项实践构成工商管理专业的综合实践，并在单项实践中加入丰富的知识点，如财务会计单项实验中的填报表、登记账簿等常规操作流程。

第二，实践教学过程仿真化。经管类专业实践教学的所有参与者都有其自身角色，这让学生的体验感更加强烈。例如，在设计国际贸易课程时，让学生扮演进口商和出口商，亲自参与谈判、合同签订、填写发票、报关委托书等实际工作流程中，教师则要扮演海关，对通关进行监督。

第三，实践教学手段信息化。将信息技术充分运用在经管类专业实践教学中进行仿真教学。不仅要数据仿真、环境仿真，还要实现流程仿真，让学生的体验更加真实，以此培养其应用能力。

第四，实践教学过程一体化。在经管类专业教学中有两个关键的实践环节，分别为毕业实习与毕业论文。要将过去实习为先、论文在后的习惯彻底扭转，让毕业实习跟毕业论文同步进行。具体来说，就是成立一个校企双方组成的双导师制的指导小组，一同参与课题与实习计划的制订工作中，联合进行课题的申报和研究。在实习期间，学生将在某个合作企业的实际岗位中以准员工身份参与工作，并进行课题研究，以此为基础来确定毕业论文选题。这种方式既可以让学生有更加充足的毕业论文设计时间，也可以让实习内容更具针对性。

四、经管类专业双轨多层实践教学的运行

（一）"3+3"模式

工商企业管理、物流管理、市场营销专业的实践教学采用"3+3"的双轨多层模式，第一个"3"是三层校内仿真训练，包括模拟实训、一般仿真实训和跨专业虚拟现实仿真训练；第二个"3"是三层校外实习，包括认知实习、专业实习和毕业实习，具体如表4-6所示。

表4-6　"3+3"模式的运行

类别	认知层	技能层	综合层
真岗	认知实习	专业实习	毕业实习
仿真	模拟训练	一般仿真训练	跨专业虚拟仿真训练
常规课程	"教、学、做"一体化课程		

表4-6中，每层以"教、学、做"一体化课程为基础，先进行虚拟仿真训练，再安排与仿真训练对应的实习，相互结合，有效提升学生的职业能力。

（二）"3+2"模式

会计专业的实践教学采用"3+2"模式，"3"是三层校内仿真训练，包括模拟实训、一般仿真实训和跨专业虚拟现实仿真训练。"2"是

两层校外实习，包括认知实习和毕业实习，具体如表 4-7 所示。

表 4-7　"3+2" 模式的运行

类别	基础层		综合层
真岗	认知实习		毕业实习
仿真	认知层	技能层	综合层
	模拟训练 一般仿真训练 跨专业虚拟仿真训练		
常规课程	"教、学、做" 一体化课程		

会计专业没有安排专业实习，一方面是企业提供的会计岗位少，对岗位技能的要求又比较高；另一方面是会计技能训练需要一个较长的过程，并且校内的仿真训练与真岗训练的效果相当接近。

五、构建双轨多层仿真实践教学模式的意义

（一）双轨多层仿真实践教学模式是基于"协同创新"理念的创新教学模式

协同创新，即以新目标为中心，实现多因素和多主体协同、补充与协作的创新活动。双轨多层仿真实践教学主要对学校、企业、教师、学生等多方的协同作用进行探索，其中由校企合作开发实践教学课程，且实践教学过程有企业人员的参与，企业可以招聘选拔优秀学生，这就是经管类专业的创新实践教学模式。

（二）双轨多层仿真实践教学模式将探索经管类专业学生知识向技能转化的有效途径

双轨多层仿真实践教学模式探索学与用的协同和理论与实践的协同，通过实践性教学，培养经管类专业学生的实际工作技能，探索学与用的有机结合。同时，该模式可以促使学生运用已学习的相关理论知识，将相关课程理论知识串联起来并融会贯通，这将是经管类学生所掌握理论知识转化为实际技能所需的有力工具。

（三）双轨多层仿真实践教学模式可以提升学生在真实环境中的实践能力

双轨多层仿真实践教学中包括现代制造业与服务业中的各种管理岗位的仿真职业环境，如会计、采购、营销、生产等，学生通过扮演相关角色参与岗位模拟实训中，在跟仿真环境提供的各种机构进行交互时，产生处于真实环境中的体验，有利于增强学生的实践能力，也让课堂变得更具吸引力，趣味性更强，教学效果更好。学生通过仿真模拟教学可以体验企业真实环境，并借此来提高自己的技能和技术。

（四）双轨多层仿真实践教学模式有利于提高学生的综合素质

双轨多层仿真实践教学模式探索学生之间的协同性，让多个专业的学生组成一个团体参与学校的虚拟仿真实训，团体中应包含各个专业的学生至少一位，具体人数要根据企业仿真模拟情况来定。

学生在仿真模拟实训中模拟部门之间的沟通、合作，逐渐了解其他专业的相关情况，并对自身专业的知识有更加深入的理解。在仿真模拟实践中，学生需要进行沟通配合，一同设计方案，完成实训任务，这对提升学生的沟通协作能力与团队精神有很大帮助。

第四节　基于 ERP 电子沙盘模拟的实践教学模式构建

经管类实验是高校在经管类学科教学中针对经管类专业学生而设立的以提高学生动手实践能力为目的的实践类教学模式。这种教学模式融参与性、互动性、趣味性、挑战性为一体，能够给学生更深的体验和更直观的认知，取得了较好的教学效果。因此，我国很多高校都已经将企业经营沙盘模拟实验课程当作经济管理类专业的必修实践课程。

ERP 沙盘模拟是一种体验式的互动学习课程。为学生营造一种仿真的企业经营环境，让学生亲自参与企业经营管理活动，可帮助学生了解企业经营管理各岗位的职能作用及要求的相关知识和技能。模拟企业经营指导学生将所学应用于实践，可增加学生对知识的理解深度，并有助于培养学生的组织管理能力、沟通交流技巧和团队合作精神，增强学生全局观念及决策、规划能力，进而顺利调动学生的学习热情和积极性。ERP 沙盘模拟课程集知识性、趣味性、仿真性、体验性和竞争性于一体，是高校培养经管类专业应用型人才实用且有效的方法。

一、ERP 电子沙盘模拟概述

（一）ERP 电子沙盘模拟的概念

随着计算机和网络技术的飞速发展及广泛应用，各种软件、信息系统已经渗透到社会生活的方方面面，尤其企业的日常运营更加依赖 ERP 等信息系统，利用软件、信息系统从事社会经济管理活动成为现实，这使得管理类实践课程体系不得不进行相应的变革。因此，各大高校纷纷与企业合作，如用友、金蝶等公司相继开发出了针对学生的 ERP 沙盘模拟课程，基于云计算的 Oracle/ERP 电子沙盘系统也被开发出来，更具可视化和可操作性，与企业的实践运营十分相似。

ERP 电子沙盘模拟就是将企业的结构和管理操作过程全部展示在高度可视化的模拟沙盘上，主要是将企业的整体架构分为销售、采购、生产、财务等几个主要职能部门，这些职能部门之间相互协调、沟通完成企业的日常管理运营。ERP 电子沙盘把复杂、抽象的 ERP 管理理论以最直观的方式呈现出来，学生得以直接参与企业运作，真正将理论知识与企业实际运营结合起来。例如，ERP 电子沙盘系统包括销售管理、生产管理、采购管理、质量管理、仓库管理、财务管理等功能模块，涵盖企业经营管理活动的各个方面。ERP 电子沙盘系统集信息技术与先进的管理思想于一体，能够很好地使学生了解企业日常运营活动及各项业务之间的关联性。

（二）ERP 电子沙盘模拟课程对经管类人才培养的作用

ERP 电子沙盘模拟所包含的内容非常广泛，学生需要根据市场趋势和本企业的实际情况制定经营策略。在生产方面，进行生产线变更，根据市场需求购买原材料，生产产品。在市场方面，提高市场占有率，当有过剩产品时，可以进行组内交易。在财务方面，注意应收账款的回收期、长短期借款的还款期、财务报表的编制等。ERP 电子沙盘模拟课程将企业搬进了课堂，提高了学生的计算机操作能力，加深了学生对理论知识的理解，下面简要分析 ERP 电子沙盘模拟课程对经管类专业学生的效用。

1.有利于培养学生的综合职业能力

（1）战略规划能力。在企业经营模拟中，各组学生为了在竞争中取得成功，必须认清企业资源运营情况，认识到企业资源的有限性，提高全局和长远策略意识，建立企业运营战略视角，从而提升战略思考能力。

（2）决策执行能力。学生在模拟企业实际经营过程中，为了获得竞争优势，需要了解各部门决策对企业业绩产生的影响，切身感受每次经营决策对企业兴衰的影响。学生必须灵活运用管理原理、方法，融合各学科知识，极大地提高综合分析、逻辑判断与自主解决问题的能力。

（3）信息分析能力。企业经营模拟对抗中，学生通过沙盘摆盘，可直观地了解企业物流、资金流、信息流如何做到协调统一，认识到信息化系统对于提升公司管理的重要性。同时，他们还可理解如何用信息化系统处理各项业务，进而提高决策的准确性。

（4）沟通交流能力。在企业经营模拟对抗中，学生为了运用现有的资源进行运营，获得竞争优势，必须学会与负责市场、销售、研发、生产等部门的其他同学紧密配合，提高沟通交流能力。当成员对经营管理行为持不同观点时，其更需要通过良好的沟通来解决问题。

（5）团队协作能力。学生在模拟企业实际运营过程中，每个小组的成员将分别担任公司中的重要职位，企业运营的成果如何，与各个部门每一名成员的工作密切相关。每个角色都要以企业总体最优为出发点，各司其职，相互协作，才能使企业经营获得成功，在竞争中取胜。沙盘模拟实训可改变各个部门缺乏全局观念、只强调自身重要性、抢夺资源的现状，增强部门间的沟通与协调，使学生学会如何以团队的方式工作，深刻体会到有效沟通与团队协作的重要性，有效地培养学生的沟通能力、合作意识和团队精神。

2.有利于培养学生的专项管理能力

分角色体验式教学会使学生体验到不同岗位的决策、执行和评价过程，得到企业不同岗位经营管理能力训练的机会。在模拟经营活动中，每个参与模拟竞争的"企业"内部要设置多个管理岗位，包括总经理、财务总监、市场总监、生产总监、销售总监等。在整个模拟经营过程中，学生可以获得特定岗位能力的锻炼机会。特定岗位能力具体描述见表4-8。

表4-8　"企业经营模拟对抗"课程特定岗位能力描述

岗位	能力描述
总经理	具有战略眼光；具有判断力和决断力；善于人际交往；具有较强的团队凝聚力和号召力
财务总监	掌握会计核算方法；会编制现金预算；具有执行并控制现金预算的能力；具有筹资及投资分析能力；具有财务分析、降低财务成本和控制财务风险的能力
市场总监	善于收集市场情报；对市场需求比较敏锐；能根据企业产能确定广告计划、销售计划和应收款账期
生产总监	善于计算企业产能；能根据销售计划和产能编制生产计划和直接人工费预算；善于平衡生产
销售总监	能根据生产计划和采购期提前制订采购计划；编制采购费用预算；具有较强的库存控制能力

3.有利于培养学生良好的职业素养

（1）锻炼承受、抗挫折的心理素质。在模拟经营中，企业不景气，学生可锻炼应对逆境的承受能力和抗挫折能力；鉴于不断变化的企业经营状况，学生可锻炼对时机和机会的把握及应变能力，感受市场竞争的激烈与残酷，为成为合格的职业者在心理上和经验上做好准备。

（2）培养诚实守信的品德。诚信是一个企业的立足之本。诚信原则在电子沙盘模拟实训中体现为对"游戏规则"的遵守，如市场竞争规则、产能计算规则、生产设备购置以及转产等具体业务的处理。保持诚信是学生立足社会、发展自我的基本素质。在电子沙盘模拟经营过程中，学生通过自我管理与自我约束，可提升诚实守信的品质。

（3）树立自主创新及共赢意识。真实企业要持续发展，就必须创新。在模拟企业中，各企业要想立于不败之地，也必须创新。企业在竞争过程中不能一味地墨守成规，决策者应根据市场的发展变化作出反应，并提出相应的对策，因为只有这样才能领先于别人，走在别人的前面。在激烈的市场竞争中，为了实现持续发展，企业仅凭自身的优势远远不够，为谋求更大的利益，需要创造更多的发展机遇，必须寻求新出路。这种新出路就是企业与企业间的共同合作，实现企业间的资源共享，从而达到合作共赢、持续发展的目的。

二、基于 ERP 电子沙盘模拟的经管类实践教学设计与实施

经管类实践课要上好并不容易，其既不同于理论课，注重知识的讲解和传授，也不同于工科的实验课，而在相对封闭的环境完成指定实验内容。经管类经营模拟实验课需要建立教师与学生、学生与学生、学生团队互动平台，创设横向与纵向、多层次的三维互动实验教学环境，让学生通过体验企业战略、市场营销、生产、采购、财务投资、团队沟通与管理、信息化管理等多个方面的综合运营，感悟企业管理。这种积极有效的实验形式有益于充分提高学生的自

主学习能力、独立思考能力和创新能力。要达到这样的教学效果，不仅需要实验室环境建设，硬、软件支持，供应商协助，而且需要教师对课程进行精心设计和及时反思。

电子沙盘经营基础背景设定为 4～6 人组成一家只拥有一定创始资金没有任何设备的虚拟公司，团队扮演的管理层通过两年共 8 个季度的模拟经营，在 WEB 操作平台上作出正确决策，使自身的"企业"不断发展壮大。

（一）ERP 电子沙盘实践教学设计

为了有效控制相应实践教学开发过程，可以借助系统化教学设计步骤（图 4-3）进行流程管理，同时在此过程中有效浓缩教师的实践性知识。在此指引下，笔者设计了电子沙盘实践教学方案（表 4-9）。

课程目标 → 学情分析 → 教学定位 → 教学策略 → 可调整的方案 → 教学实施 → 反馈与总结

图 4-3 系统化教学设计步骤

表 4-9 ERP 电子沙盘实践教学方案

课程目标	1. 学生理解企业经营决策过程 2. 能依据市场变动情况，运用管理工具进行决策 3. 团队交流通畅，懂得互相合作 4. 成员对自己的职能和角色有较好的认知，并能理论联系实际，学以致用

续表

	大一	大二	大三	大四
学情分析	工商管理	会计	财务管理	市场营销
	专业知识	经营决策	职业素养	业务能力
	厌烦、抵触	有一点兴趣，整体不是很重视		兴趣浓厚
教学定位	经营认知	加固知识	综合应用	强化训练
教学策略	环境渲染＋过程管理	问题引导＋知识管理	不断追问＋案例管理	组间竞赛＋工具管理
可调整的方案	游戏环节企业案例规则热身抢答	针对各个专业的引导问题、知识总结	指标分析、多个实际案例的指标	比赛视频、比赛研发工具
教学实施	阶段管理	准备阶段	试运营阶段	正式运营阶段
	进度管理	第1单元	第2单元	第3单元	第4单元
		组队、规则	试运营1～4季	试运营结束、研讨	正式运营1～2季
		第5单元	第6单元	第7单元	第8单元
		运营3～4季	运营5～6季	运营7～8季度	总结大会
	团队管理	好	中		差
	角色管理	总经理	市场总监	生产总监	财务总监
	绩效管理	市场领导者	市场追随者	市场稳定者	市场变化者	市场弱者
	点评管理	经营排名	综合得分	经营指标	创新	发现问题
	现场表彰	1个冠军团队	4名金牌总监		1个最有价值队员
	课程考核	成绩构成＝50%平时的经营表现＋50%经营报告成绩；经营表现（50%）＝出勤率（10%）＋参与积极性（20%）＋小组贡献（20%）；经营报告（50%）＝业绩排名（30%）＋报告质量（20%）			

续表

课后反馈与总结	反馈方法	经营结果对比	调查问卷	实验报告总结	1～3人个人访谈	
	总结方法	撰写教学日记	经验交流会	听课、督教	沙盘培训	申请教改项目

学情分析就是对学生习得情况进行分析，分年级、专业、学习诉求、情绪4个方面。比如，有的大一、大二学生情绪高涨但知识不足，应该更注重认知和流程引导，需要辅助增加先验知识、直观案例导入；有的大三、大四学生有的知识却不会用，应该充分激活他们，给学生更多发挥的空间。学生做得好，要不吝鼓励，学生犯错，要耐心地追问，通过一层层问题分解引导学生自己发现问题，同时只指引方向不提供答案，锻炼学生独立解决问题的能力。针对不同专业学生，要准备不同的问题，如工商管理专业学生可以重点思考如何制定战略、如何进行战略分析，从而做到知己知彼。会计、财务专业的学生重点思考如何计算企业发展所需的资金、如何制订现金流量计划、如何分析企业的财务状况等。

教学定位是指确定班级教学重点，从而制定相应教学策略和可调整的方案。大一注重经营认知和非智力因素培养，大二、大三是加固知识和综合应用，大四偏重综合应用或技能训练。将流程、知识、案例和工具分类打包，根据学生情况，定位调用。

教学实施要求"两手抓、两眼盯"，一手抓模拟经营的进度，一手抓学生的参与进度，一眼盯学生行为表现，一眼盯经营绩效结果，并及时将观察到的结果记录在预制表格中，且每个单元结束前要调整指导的对象和策略。

对于沙盘试玩培训，可以站在学生角度提出符合学生学习特点的施教方案；在经验交流会上，学生可以学习其他学科教师对沙盘的见解，克服专业隧道思维；撰写教学日历和教改论文，可以从更高层次认识经管类实践课的特征和设计方法。

（二）ERP电子沙盘实践教学的组织实施

1. 实验准备阶段

教师将学生按每组4～6人组成实践小组；教师登录电子沙盘软件平台，创建新的班级，将学生的信息输入软件平台；教师将电子沙盘对抗平台中关于模拟商业环境的介绍、模拟软件中与经营有关的数据规则发给学生；学生与其他小组成员建立联系；学生熟悉模拟商业环境的数据规则和竞争环境；学生要做好理论知识准备。

2. 实验实施阶段

学生以小组为单位，在软件实验平台上开展竞争经营，分阶段制定重要经营决策，经营阶段性成果在教师的控制平台上显示。8个经营季度完成后，比较各企业经营状况，综合成绩优异者获胜。教师要注意两个问题：第一，在每一经营季模拟经营结束后，将经营分析图表发给学生，以供学生在课后总结；第二，及时拓展深化经营过程中的理论、概念、模型难点，强化理解与记忆。

3.教师点评与学生总结阶段

教师将每组学生的完整经营决策记录打印出来，下发给每一小组，选出经营成果最好的小组作为对照。学生在小组内对经营决策行为进行分析，在小组间展开讨论，小组长总结。指导教师对关键决策点进行点评和总结，讲解决策点，力求学生熟知于心，达到举一反三、触类旁通的目的。

下面以会计课程为例，具体说明 ERP 电子沙盘实践教学各阶段的任务。

第一，实验准备阶段。会计实训课程准备阶段的首要任务是由教师制定并向学生讲解企业的运营规则，包括生产线和厂房的购买与折旧、融资贷款与贴现、市场划分与准入、ISO 资格认证、产品研发与生产、原材料采购、订单选取与竞单会等方面。另外，需要对学生所担任的具体角色进行职能定位，以明确其各自承担的岗位职责。

第二，实验实施阶段。实验实施阶段是 ERP 电子沙盘模拟实训的主体及核心环节，模拟对抗实训开始时，每个企业都应该根据运营规则，结合市场对产品需求量和价格的预测，对市场前景作出合理估计，并在此基础上讨论企业的发展战略与经营策略，在 CEO 的领导下进行竞争经营。每个会计年度结束时，各角色进行经营状况总结，CFO 填制会计报表，CEO 根据总体运营状况对企业战略规划作合理评估并进行必要的调整。最后一个会计年度终了时，根据各企业所有者权益大小进行综合排名。

第三，教师点评与学生总结阶段。点评阶段是 ERP 电子沙盘模拟实训最精华的环节。首先，要求教师在每个会计年度及最终经营结束后，结合各企业整体经营状况及特殊情况进行深入剖析及评价，让学生感悟各企业在行业中所处的地位；其次，经营完成后，要求排名靠前的 CEO 与排名靠后的 CEO 分别作报告，分析胜利与失败的原因；最后，由每个企业或每位同学根据各组的经营状况总结实训感受，并提交实训报告。

三、加强 ERP 电子沙盘实验教学的建议

（一）重视实验指导教师的培训和激励

首先，电子沙盘模拟实验完全不同于一般的实验课程，它的综合性、连续性很强，复杂程度高，课前准备工作量大。具体实验模拟过程中，教师要对学生提出的问题进行解答，并在每个决策点进行点评，这都要求其付出相当多的精力和学生进行沟通、交流。因此，要重视专职实验指导教师培训。其次，学校要根据实际情况，在工作量核定上进行合理化，以保证指导教师的积极性，避免实验内容空心化、过程彻底游戏化等消极情况的出现。

（二）完善电子沙盘实验软件平台

在电子沙盘实验过程中，如果系统不稳定、软件规则不被认同、操作界面不友好等导致实验过程中断，不但会影响到学生的参与兴

趣，而且会使实验效果大打折扣。因此，必须加强和软件提供商的联系，反馈实验中学生提出的信息，以完善系统（经营规则、界面设计、系统的稳定性、功能操作、决策模型），同时要求软件提供者做好售后服务，促进实验软件不断改进和完善。

（三）重视手工沙盘的辅助作用

实验以电子沙盘为主导，但部分环节采用手工沙盘。一方面，在电子沙盘中，大部分数据运算及模块间的关系确定都由计算机完成，并直接在显示器上输出结果，而学生不参与软件中的运算过程和部分经营图表的产生过程，因此他们很容易对类似市场占有率、贴现率、折旧方法差异等指标的产生失去感性认识，对电子沙盘软件最终给出结果的科学性持怀疑态度，影响其参与的积极性；另一方面，电子沙盘实验操作主要为敲击键盘输入数字或是利用鼠标点击菜单，留给学生的讨论时间很多，但如果这个时间过长的话，就会导致决策节点间等待时间过长，使参与者因觉得乏味而分心。如果有效结合手工沙盘与电子沙盘，则会大大提高实验效果。

电子沙盘实验课程采用的是国际上流行的商业模拟教学技术，可以有效解决枯燥的说教模式和空洞的讨论内容问题，使学生在教师指导下，通过亲自参与和实战演练，加深和巩固对知识的理解与掌握。学生通过在模拟商业环境中对仿真企业进行运营管理，亲自参与企业运营管理中的团队分工、战略规划、市场研究、生产计划、研发投入、销售管理、市场拓展、报表分析等决策，可了解真实企业运营中遇到的各种决策问题，有效分析与评估运营结果，从而对企业管理中的各种知识技能有更深切的体会与感受，最终在体验式学习中将理论知识应用于实验，有效解决诸多问题。电子沙盘实验课程运用得当，必将有效推动高校经管类专业教学改革，使其摆脱经管类人才培养理论化和空心化问题，为培养适应市场需求的应用型人才提供重要的途径和模式。

第五章　经管类创新型人才培养的课程与服务资源建设举措

　　在高校经管类创新型人才培养中，课程与服务资源建设也是一个重要环节，它能够为学生的发展提供必要的支撑。在课程与服务资源建设过程中，互联网发挥了非常重要的作用，它拓宽了课程与服务资源建设的路径，丰富了课程与服务资源建设的内容，这对于高校经管类创新型人才的培养起到了积极的促进作用。

第一节　经管类专业数智技术课程体系的创建

当前，大数据、5G、人工智能等新兴技术催生了以跨界融合为特征的新经济、新产业、新业态，社会经济管理问题日益综合化和复杂化，为了应对新变化、解决新问题，就要进行跨学科知识整合。

互联网时代，推动融合发展是学科建设的必然选择，经济管理类专业也迎来了全新挑战。一方面，传统经济管理学科是工业时代的产物，其所构建的专门化和精细化专业课程知识易于被获取与传授，在传统财经教育中发挥了至关重要的作用，但也形成了学科或专业"知识孤岛"，导致学科领地和专业边界固化；另一方面，大数据、人工智能等信息技术已成为社会经济管理的重要研究方法和研究范式，也是经管类专业人才知识架构和能力培养不可或缺的关键性内容，培养一批掌握大数据、人工智能技术的高端经管类人才，已成为财经教育的重要使命。可以说，如何挖掘经管类专业知识与数智技术之间的内在联系，对经管类专业课程体系进行数智化升级，是实现财经教育跨学科发展的关键问题，也是培养经管类创新型人才的重要途径。

本节提出了三层递进式数智技术课程体系构建新思路。

整个经管类专业数智技术课程体系自下而上分为三个层面：项目模块课程、共建模块课程和通识模块课程。整个课程体系是一个有机整体，具有不同于单一层面简单叠加的系统性效应，如图 5-1 所示。

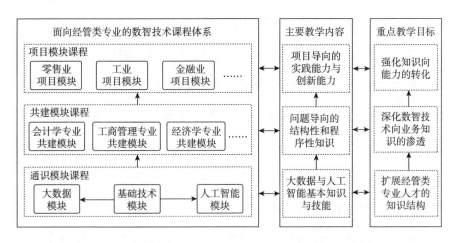

图 5-1　面向经管类专业的三层递进式数智技术课程体系

一、通识模块课程

通识模块课程所包含的课程主要讲解大数据和人工智能基础技术知识。通识模块课程侧重于扩展经管类专业人才培养知识的广度，重点培养经管类人才必备的大数据和人工智能方面的基础知识素养及技能。为此，可将通识模块课程划分为三个模块，即基础技术模块、大数据模块和人工智能模块。其中，基础技术模块由"Python 商务数据分析"课程构成，主要讲解 Python 编程语言基础知识及其在商务数据分析中的应用，后续所有实践操作类模块课程均以 Python 语言作为编程工具，节省学生学习不同编程语言的时间成本；大数据模块以商务大数据的处理流程为主线开设"Python 网络数据抓取""商业数据挖掘导论""Python 数据可视化"和"大数据原理与商务应用"四门课程，分别讲解商务大数据的获取和清洗、建模和分析、可视化展示等；人工智能模块围绕财经领域主要使用的人工智能技术开设"人工智能思维""机器学习与财经建模""自然语言处理基础"三门课程，分别讲解将人工智能运用于商业运营的系统性框架，以及机器学习、自然语言处理等人工智能关键技术和应用。

通识模块课程教学内容设计的关键在于扩展经管类专业人才大数据、人工智能技术知识的同时，解决通识模块课程与经管类专业课程相对分散独立的问题，使学生建立大数据和人工智能技术与经管类专业知识之间的联系，于技术类课程中形成明确的专业知识学习目标。为解决这一关键问题，可针对通识模块课程选课学生的专业方向，设计"一课多纲、一纲多本"的差异化教学内容，以增强通识模块课程的吸引力，建立大数据、人工智能技术与专业方向之间的连接，明确各专业学生的学习目标。比如，"人工智能思维"课程的调研报告题目选择尽可能围绕不同专业特色和前沿问题展开；在"Python 数据可视化"和"Python 网络数据抓取"课程的实际操作教学环节，提供与专业实务相关的真实数据集；在"大数据原理与商业应用"课程的商业应用环节，以不同专业实践案例为背景，讲解大数据原理在其中的应用价值；根据不同专业学生已具备大数据、人工智能技术基础情况，在实践教学环节，适时调整教学难度。

二、共建模块课程

共建模块课程之名源于这类课程内容的设计与讲授往往需要跨专业领域教师合作。共建模块课程侧重于深化数智技术与经管类专业知识的交叉融合，重点引导经管类学生积累分析和解决经济管理问题应具备的结构性和程序性知识。为此，需选择已有经管类专业课程体系中与大数据、人工智能技术关联最为紧密的课程，同时建设已经列入各专业培养方案但因缺少大数据、人工智能相关师资与实验环境而尚未建成的课程。参与共建模块课程的专业包括：经济学专业、工商管理专业、会计学专业等。其中，经济学专业共建模块课程包括"数字经济""大数据经济分析""经济学与 AI"，讲解如何通过大数据和人工智能方法分析和解决经济学问题；工商管理专业共建模块课程包括"大数据与企业创新管理""大数据与组织行为学""商务智能"等，讲授大数据和人工智能商业企业中落地实践的全过程，以及优化各种业务的价值；会计学专业共建模块课程包括"大数据与智能会计""大数据与智能财务""大数据与智能评估"等，分别讲解如何运用大数据和人工智能软件工具进行会计数据的分析、处理、可视化展现、风险评估等。随着大数据和人工智能技术不断向各个领域渗透，各行业对复合型人才的需求激增，因此可知共建模块课程建设工作是一个不断增加和持续迭代的过程。

共建模块课程教学内容设计的关键在于覆盖概念性或陈述性专业知识的同时，构建运用大数据、人工智能技术解决实际业务问题的程序性或结构性知识，实现特定专业或子领域与数智技术知识之间强大的整合和互补。为解决这一关键问题，需要依据专业人才培养目标和需求，遴选核心知识点和关键能力点，基于以大数据、人工智能技术为支撑的经管类实务问题解决过程，构建结构性或程序性知识模块，并通过设计涵盖这些结构性或程序性知识的教学案例，进一步深化对专业知识的理解和掌握。比如，在"大数据与组织行为"课程案例教学环节，需要设计以组织绩效管理问题为导向的教学实例，讲解数据驱动和管理制度相结合的组织绩效改进方法与流程。针对每一门共建课程，在不增加原有专业课程总学时的前提下，可筛选核心知识点，减少非核心知识点授课学时，增加案例和实验授课学时，深化学生综合运用数智技术解决实际问题的能力。

三、项目模块课程

项目模块课程所包含的课程均依托于企业实际项目设计而成。项目模块课程侧重于加强知识向能力的转化，重点培育学生综合运用大数据和人工智能技术解决不断变化的复杂经济管理问题的创新和实践能力。为此，可基于企业实际业务和具体项目，面向零售业、工业、金融业等不同领域，由跨专业资深教师与业内人员合作共同设计项目模块。每个项目模块涉及某领域相关的一系列具有真实性、实用性、创新性的，能够统一知识与能力的实训项目课程，通常包含 20～30 个项目课程。每门项目课程 0.5 学分，完成两个项目课程修得 18 学时，1 学分，同一模块的课程难度相当，供学生根据兴趣自由选择。项目课程为高年级学生所设，因此仅提供必备的知识、技能、方法框架以及相关课程链接，学生需具备一定的知识和技能基础，方能创新性地完成所选修的项目课程。

项目模块课程教学内容设计的关键在于充分结合企业需求和业务实践，设计出具有可行性、可操作性、可考核性的项目，打通知识与能力之间的屏障，实现知识向能力的转化。为解决这一关键问题，需针对每个领域或行业项目模块，构建一套从项目设计与考核到项目竞赛与奖励一体化的项目课程体系。首先，为每个项目模块制定项目基本要求、实施过程及考核评价标准，具体包括：项目概况、基本要求、知识点—能力—实践—创新要求、实训环节、分组要求、成果形式、过程考核与验收标准、硬件与软件条件、指导教师要求等；其次，针对涉及大量差异化创新、本身具有竞赛属性的项目，在项目课程结束后举行校内竞赛，评选优胜者，成绩优秀者（或自愿报名者）可以参加更高水平、更大难度项目的训练与比赛，进一步提升学生的创新能力和竞争意识，真正将课程与比赛有机融合为一体。

互联网背景下，社会对经管类人才的需求越来越趋向于复合化与多元化。高校在扩展经管类专业学生知识架构的同时，也应适应新技术带来的新变化，实现数智技术向专业知识的渗透，进一步加强知识向能力的转化，以便更好地解决不断变化的复杂的综合性社会经济管理问题。

第二节　经管类专业网络课程资源的建设

互联网背景下，高校信息化建设正在朝着"数字化校园"的目标迈进。实现数字化校园，网络建设是基础，课程建设是核心，因此网络课程资源建设已成为当前高校信息化建设的重要内容和任务之一。近年来，很多高校都组织开发了网络课程、学科网站等教学资源，并在现代化教学中推广应用，使其成为网络课程资源建设的主要内容和载体。网络课程资源建设将常规教学资源与网络信息技术有机整合在一起，以达到激发学生自主学习兴趣和辅助教师教学的双重作用，是实现教育信息化的重要手段。

经管类专业网络课程资源是指基于网络的经管类专业教学材料，即基于互联网运行的经管类学科信息化教学资源。作为一门热门学科，尤其是实践性和应用性特征明显的学科，经管与计算机和网络的关系十分密切。20 世纪 50 年代开始的计算机在经管专业中的应用带来了经管数据处理技术革命，成为经管发展史上的一个重要里程碑。随着计算机和网络技术的迅速发展，计算机和网络在经管工作中的应用范围也在不断扩大，作用也在不断提升。时至今日，计算机在经管领域的应用已从最初的单个功能模块发展到了集经济核算、经济管理预测与决策等多功能于一体的综合性软件系统，并实现了网络化管理。与经管学科的发展动态和教育信息化发展趋势相适应，经管学科专业教学中的网络资源使用十分普遍。经管类专业精品课程、网络课程、经管学科专业网站等，大大丰富了经管学科的教学资源，增强了学生学习的自主性，提升了教学效果，有益于培养大量创新型人才。然而，毋庸置疑，当前高校经管学科网络课程资源建设也存在一些问题，需要加以关注和解决。

一、经管类专业网络课程资源建设的意义和作用

首先，网络课程资源的使用使经管学科专业教学形式和内容得以丰富。网络课程资源的首要特征是丰富性。经管网络课程资源将大量教学资源以网络的形式展现出来，改变了传统"纸质教案＋多媒体课件"教学资源匮乏的状况，使学生可以更多地浏览、观看、下载各种专业教学课件、视频和图文资料，使教学形式更加多样化。另外，网络课程资源及时地将最新信息以最便捷的途径呈现在使用者面前，可使经管类专业学生迅速获得最新、最前沿的专业信息资源，使经管类专业课堂教学内容不再局限于已出版的教材，而是将教师和学生的注意力转向对界内最新知识和技能的了解及学习，教学内

容大大丰富且更具前瞻性。

其次，经管学科网络课程资源建设和使用使学生学习的自主性得以增强。高等教育的改革目标之一是培养学生自主性学习，促使学生从"应付学习任务"向"主动学习"转变。网络是当前学生最感兴趣的媒介，具体网络课程资源的使用可激发学生探究专业知识的欲望，网上讨论可培养学生思考的习惯，而形式多样的互动式教学可使教师和学生都摆脱传统的填鸭式课堂教学模式，强化师生之间的互动，刺激双方的主观能动性，使学生学习的自主性得以增强。

最后，经管类专业网络课程资源的使用使学生的专业技能得以增强。网络课程资源的建设可以有针对性地强化学生对经管知识的实践应用，通过"实践指导"模块的丰富和讨论模拟企业实际经管工作环境，增强学生的专业技能。

二、经管类专业网络课程资源建设措施

（一）以目标为导向构建经管学科网络课程资源体系，整合现有资源，逐步建设和完善

当前的经管学科网络课程资源比较分散，大多处于教师自建、自管、自用的状态，缺乏整体规划。因此，网络课程资源建设的首要任务是确定教学目标，以目标为导向构建经管学科网络课程资源体系。对已有的精品课程、网络课程、学科网站等进行梳理和整合，对专业主干课重复部分进行调整和删减，而对于之前缺乏的专业选

修课内容逐步进行增加和完善。同时，设置每位教师可根据自身特点和学生特征进行调整的特色模块，保障网络资源共用和可循环利用。

（二）以精品课程为基础丰富网络教学内容，增加多种素材，充实"动态"资源

随着高等教育系列"质量工程"改革项目的启动，高校精品课程建设已达到一定的程度和水平。精品课程是集优质师资、高水平教材、先进教学理念和良好教学效果于一体的专业主干课程，最能体现经管类专业核心知识。经管学科网络课程资源建设应以现有的精品课程资源为基础，充实和丰富网络资源教学内容。同时，为了补充精品课程资源"静"多"动"少的不足，可在经管学科网络教学整体资源库中增加更多的专业课程文本、图形、视频等素材，设置"讨论与互动"模块，充实动态资源。

（三）增加互动和在线任务等教学环节，注重对学生学习过程的监控

为了发挥学生学习的自主性，建议在经管学科网络资源体系构建中添加形式多样的学生自主学习内容，运用"启发式"和"以问题或案例为切入点"的教学思想和教学方式，设计各种类型的学习任务并控制学生的学习过程。例如，通过发布通知、在线完成作业、在线期中考试、案例讨论、跟帖参与讨论等，对学生的学习进行必要的督促。同时，对于重点内容的学习还可以提出更高的要求，如

没有完成必要的学习任务就不能进行下一阶段的学习，要保证对学生自主学习的监督和控制。

下面我们借助讲解《会计管理》这门课程，来研究网络精品课程该如何构建。

1. 整体思路

网络课程的受众存在学习手段、专业背景、知识结构、学习时间和习惯等方面的差异，那么学生应该如何去完成学习？究竟要学习哪些方面内容？以什么样的形式呈现教学内容才能实现教学目标？网络课程设计的出发点就是帮助学生高效地、快速地完成任务。所以，设计网络课程时，要结合学生的实际情况，提高学习内容的实用性，让学生的需求得到满足。设计网络课程的大致思路一般有3个方面必须注意：第一是学习内容，简单来讲就是内容选择是否精炼、组织是否得当、教学资源是否全面且有用；第二是服务平台，即网络平台能否满足在线答疑、具有教学交流反馈功能，并且能够开展实时以及非实时的教学活动；第三是呈现内容的形式，也就是说是否有多样的呈现内容的手段，不能单纯地进行教材搬家，要充分利用形象直观的多媒体技术方法，让不同学习风格学生的学习需求得到满足。

2. 具体实施流程

网络课程建设是一个漫长的过程。以下是建设流程，如图 5-2 所示。

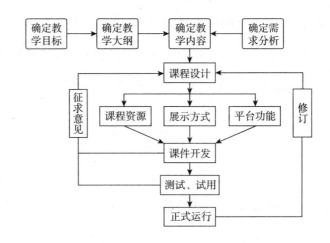

图 5-2　网络课程建设流程

（1）组建教师团队。充分调查学生的需求之后，我们需组建由专职和兼职教师构成的教学队伍。4位主讲教师，3名教学课程辅导及实训实习指导教师，两名实训指导，两名技术人员。这个教师团队的"双师型"教师占比64%，都参与和主持过科研项目，教学经验丰富，知识结构优化，分工明确，师资配置合理。

（2）制订设计方案。对于《会计管理》课程的总体方案设计，联想成人教育的教学规则，以学生的学习为中心，目的是实践和应用。用理论＋实践＋应用三段式的教学方式，结合各种教学形式以及技术手段开展教学，让学生了解、认识和理解会计管理的基础知识和管理方法，完整地将课程知识体系表现出来，筛选会计管理应用的实际案例，进行专题讲解，开设课堂讨论、回复信息的窗口。

（3）搭建平台及搜集素材。远程教育时期，学生是整个教学体系的核心，但因为存在太多的工学矛盾，每个人的基础也不一样，所以除了设置系统、全面而完整的课程内容，还要保证外观精美、形式多样、界面友好。除此之外，还要有功能强大的网络教学平台做支撑，其不仅能展示教学资源，而且可以支持学习交流、在线测试。

要整理大量的课程素材，注重培养学生的文化素质、创新素质、职业素质，对会计人员来说必须要专注于职业素质的培养。结合会计管理的相关案例，把会计管理人员需要遵循的正直性、客观性和保密性原则添加到课堂中，可以使学生养成良好的诚信精神和职业道德。运用习题、测试、文本、图片、视频等多种形式，让教学变得灵活、完整、全面等。

（4）课程开发与运用。

第一，展示课程的外观。页面整体布局以蓝白搭配作页面底色，联系会计专业特性，配图用数字金额和货币符号，让学生感到清爽亲切。

第二，引入多样化资源。经管类专业学生渴望顺利完成课程，同时拓宽视野，扩大知识面。所以，不仅需要充分做好课程辅导，还需要引用很多拓展内容，会计管理是由近代西方国家发明的，学生可以感受许多国外著名学者的思想，所以我们的课程文字介绍都是中英文双语的。

第三，加强交流。运用在线讨论、课程论坛、QQ、微博、微信、E-mail 等各种交流手段，指导教师可进行在线答疑，缩短师生间的距离，加强师生互动。教师可以借助在线手段把会计管理课外辅导资料以及形成性考核内容推送给学生，学生完成后在线提交。

3.后续维护与效果测评

精品课程需要在竞争中不断创造、不断更新，以分享促发展，以评促建，进而实现可持续发展。《会计管理》网络课程按照制定的建设计划随时增加课程资源，开拓课程网站功能，及时了解、掌握网络课程的使用效果，借助多种渠道搜集、分析反馈意见，统计课程网站的点击率，并接受上级的随机抽查和年度检查。

第三节　经管类专业服务资源库的建设

一、服务资源库建设的原则

（一）依托网络技术

教学资源专业分类库的建设就是对教学资源进行数字化和信息化整合，遵照一定的标准和原则将各类资源有机整合在一起，形成一个完善健全的体系，使资源库的使用者能够在一个平台上完成对各类资源的检索。所以，现代化的网络信息技术是建设资源库的关键，在建设数据库的初期，要建立一支技术队伍，努力攻克建设中的技术难点。部分高校拥有自己的网络教学平台和资源数据库，其应该对此类平台进行有机整合和统一管理，保证资源的更新效率和数据准确，确保资源的准确性和共享性。学校的各部门也可以利用建设资源库的机会对内部队伍进行培训和改革，促进工作人员的计算机技能和服务水平的提升，提高服务质量以满足趋势需要。

（二）多方合作

应当加强学科专业课教师和校园信息中心工作人员的配合，同时应当邀请当地知名企业或经管培训中心的人员共同完成经管类专业资源库的建设，使资源数据库的建设更加专业化、完善化和实用化。在资源库建设过程中加强学校各部门的合作，与此同时也要加强校方与企业的合作，共同建设专业分类化的数据资源库，并且与企业合作优化学校与社会的关系，为学生日后的实习和就业提供广阔的道路。

（三）明确重点

数据资源库的建设重点是使已有的信息化资源与外界的第三方资源库无缝对接，实现资源的数字信息化，将各类纸质书籍、期刊和电子资源共同结合于数据资源库中，将各类文献和资源都展现给资源库的使用者。不同于传统的数据资源库，数字化的教学资源数据库是一个对外开放的系统，所以要改变以往的管理和维护模式，以专人负责的模式代替传统的人员兼任，及时对平台系统中所出现的问题进行处理，做好资源库维护和管理工作，保证资源库的安全性。专职人员能够拥有更专业的技术技能，能够保障平台系统的正常运作，也能够及时对资源信息进行更新和订正，避免出现错误信息和重复信息。

（四）共建共享

每个高校都拥有自身特色的文化和定位，在进行教学资源库专业分类化建设时，要尽量避免与其他院校的资源库重复雷同，由教育主管部门进行统一分配和整合，形成共同建设、共同分享的局面，同时将数据资源有机整合作为建设工作的核心，对各大高校已有的文献资料、数字资源加以综合利用，实现各院校之间的资源共享，完成教学数据资源专业分类库的共同建设，为高校教学工作提供有效的支持和帮助。

二、服务资源库的建设内容

（一）专业背景

专业背景反映专业的整体情况，包括专业调研报告、职业岗位工作任务分析表、专业标准、专业课程体系、专业人才培养方案等内容。

（二）资源中心建设

资源中心包括一切可用于专业教育教学的物质条件、自然条件、社会条件以及媒体条件，是专业教学材料与信息的来源，分为专业课程中心、实训实验中心、技能认证中心、专业素材中心和服务交流中心。

1.专业课程中心

专业课程中心的建设要具体到每门专业课程的建设，下面以会计专业为例，分析会计专业课程中心的资源建设。

（1）会计专业建设标准库。当前是国家经济转型的重要时期，要逐步完成从传统制造业和服务业向先进制造业和现代服务业的升级。培养优秀技能型会计人才是高等教育的目标之一，需要调研区域经济、行业发展和企业需求，制订相应的会计专业人才培养目标及方案、课程建设标准等。

（2）会计职业信息库。会计职业的市场需求面广，电商企业、物流行业、生态农业、"互联网＋"制造业、商业、餐饮业、旅游业、咨询服务业、金融行业等都需要会计人员。不同行业对会计人员专业知识侧重点不同，对会计职业资格的要求也不同。此外，会计从业人员还要了解与自身权益相关的知识和法律法规。会计职业信息库要包含不同行业、企业信息、相关产品的流程介绍、服务内容、会计岗位描述等。

（3）会计专业课程资源库。根据企业需求，参考技能型人才的发展规律和会计职业生涯发展需求，以会计从业能力—初级会计师能力—中级会计师能力—高级会计师能力为基准线，设置会计专业课程，如会计从业能力核心课程有"会计基础""出纳实务"，初级会计师能力核心课程有"财务会计实务""纳税实务""会计电算化"，中级会计师能力核心课程有"中级会计实务""成本计算""财务管理"，高级会计师能力核心课程有"审计""财务报表分析""高级会计实务""管理会计"，特色行业会计课程有"物流会计""旅游会计""农业会计""金融会计"等，建立会计专业课程资源库。会计专业课程资源库包括精品课程、课件、名师讲课等视频、核心课程电子教材、企业会计制度准则等。

（4）学习资源库。学习资源库为学生提供自主学习素材，主要包括文本资料、图片信息、音频或视频文件、虚拟实训内容、职业资格技能训练，来自企业的案例库，帮助学生实现学习迁移。

（5）测评资源库。测评资源库主要包括专业知识题库、知识运用测试、职业判断测试、技能操作测试、毕业设计等。测试分别在学习开始前和结束后进行。企业可以根据测评结果选择所需的人才。会计课程组建系统具有学前评估监测系统，学生可利用它进行学前分析，而教师可通过后台评估监测系统准确了解学生的学习情况，根据学情安排课程。会计虚拟教学系统和实训平台将会计职业场景、岗位设置、岗位任务和操作角色结合起来。3D 虚拟实训系统具有仿真性、任务操作性和过程判断性，按照工作流程布置典型操作任务，实现融职业认知、职业判断、业务处理、实务操作、评价反馈和教学管理于一体的实训教学功能。会计资源管理服务器系统是一种基于互联网双向资源共享的，类似于慕的教学模式。基于互联网，可利用 Web 技术完成专业门户和课程门户定制，而用户打开页面进行学习，并通过成果评价得到反馈信息。基于互联网的会计教学资源库最终可实现知识共享、资源开放，面向社会服务于全民学习、终身学习。在会计专业教学资源库建设过程中，要建立长效机制。在论证、立项、建设、评估、验收、维护等环节需明确资源库的专业性、实用性要求。具有计算机基础的会计专业人员是教学资源库建设的重要保证。要提高会计专业教学资源库的利用率，就要加快素材的开发与更新，融入现代教育技术，改变会计职业教育的管理方式、教学方式、学习方式及会计专业的建设方式，还要重点服务会计行业，重点建设工商登记服务案例（工商登记、公司变更、工商年检）、财税业务服务案例（代理记账、纳税申报、信息化实施与维护）、审计服务案例（验资、审计）、咨询服务案例（财务咨询、管理咨询、税务筹划）。

2.实训实验中心

实训中心是为专业实训项目服务的，分设常规实训室、虚拟实训室和 ERP 电子沙盘实训室 3 个模块。

（1）常规实训室。常规实训室以学校现有的各个实训室为单元进行建设，且紧紧围绕实训项目内容及实训实验教学环节而展开，全面支持教师的教与学生的学，注重学生专业技能的提高。常规实训室一方面为在校师生的实训实验教学提供网上服务平台，促进学生专业技能的提高；另一方面面向社会开放，是高技能人才培养基地，是助力社会人员终身学习、可持续学习的公共服务平台。

常规实训室的建设包括以下要素：实训项目资料、实训测试题、实训室配套的仪器设备图片、仪器设备使用视频等。

（2）虚拟实训室。虚拟实训室是包括会计职业场景、岗位设置、岗位工作任务、操作角色在内的 3D 虚拟实训系统。学可以选择不同岗位进入系统，按照工作流程完成各项典型工作任务。该系统通过角色转换、上岗操作、业务路线选择、签章等功能，实现融职业认知、职业判断、业务处理、实务操作、评价反馈、教学管理于一体的实训教学功能。

虚拟实训室的建设包括以下要素：虚拟实训项目、虚拟实训项目操作手册、虚拟实训素材、仿真练习系统、使用说明。

（3）ERP 电子沙盘实训室。ERP 电子沙盘实训室是模拟企业实际运行状况，将企业整体战略、产品研发、生产、市场、销售、财务管理、团队协作等多方面结合在一起，让学生体验完整的企业经营过程，感受企业发展的典型历程，感悟正确的经营思路和管理理念。

3.技能认证中心

技能认证中心是为提高在校学生专业技能服务的，包括技能过关、技能竞赛、技能证书三个模块。

不同经管类专业所需的技能不同，技能认证应该根据具体专业的特点和要求进行。下面以会计专业为例，分析不同技能模块的认证要求。

（1）技能过关。会计技能过关模块主要用于第二学期至第五学期进行的"分段式"职业基本技能训练和考核，主要内容有第二学期的"出纳技能过关"、第三学期的"会计基本技能过关"、第四学期的"岗位综合技能过关"、第五学期的"真账操作过关"。每项技能需要建设的要素有技能介绍、技能要点、技能演示视频、技能评价标准、技能过关测试系统等。

（2）技能竞赛。会计技能竞赛模块分设职业道德知识竞赛、点钞竞赛、账务处理技能竞赛、纳税实务知识竞赛、财务会计知识竞赛等竞赛项目。每项竞赛的建设要素包括赛制项目介绍、竞赛规则、竞赛工具图片及使用说明、竞赛题库、网上竞赛平台等。

（3）技能证书。会计技能证书模块是为会计考证服务的，分会计从业资格考试和助理会计师考试两个建设项目，每个项目的建设要素包括考试介绍、考试大纲、在线课堂、练习题库、模拟考场、考试热点信息等。

4.专业素材中心

专业素材中心是为了增强经管类专业学习实践的形象性和生动性，拓展专业知识，汇集原始材料，分设图片库、文档库、视频库和动画库。

（1）图片库以一些形象的图片展示经管工作用品、用具，包括各式会计凭证账簿和报表的图片，以及保险柜、点钞机、验钞机、算盘、计算器等财会用具的图片。

（2）文档库是与会计职业相关的一系列文档，包括各种会计法律、法规、规章的电子文档，以及相关文献资料的电子文档。

（3）视频库是以视频的形式生动展示会计工作流程和方法，包括典型业务操作方法的视频演示。

（4）动画库是以动画的形式展现各项会计工作程序，包括典型业务经办流程的动画演示。

5.服务交流中心

服务交流中心分设经管信息公告、在线经管服务、财务管理咨询和经管论坛。

（1）经管信息公告公布最新的经管考试、经管培训、法规准则等相关通知，使学生及时获取相关信息，及时更新业务知识。

（2）在线经管服务是在线传递经管信息，为企业提供网上经管业务处理服务，如财务分析、网上纳税申报等服务。

（3）财务管理咨询是为企业的财务管理提供咨询等服务，需不断提高专业服务能力。

（4）经管论坛是建立一个网络交流平台，加强与校外、省外以及国外的信息交流和互利合作。

（三）应用平台建设

应用平台是需求者们登录资源库，获取所需信息的入口，登录后可以获取资源中心的各类资源，具体包括在校学生应用平台、专业教师应用平台、社会公众应用平台和中小企业应用平台。

（1）在校学生应用平台。在校学生应用平台主要面对在校的经管类学生，可供学生在线登录、进行实训练习、查询专业信息、参加专业技能培训等。

（2）专业教师应用平台。专业教师应用平台主要面对专业教师，可供教师在线登录、网络教学、在线答疑、获取课程建设资源等。

（3）社会公众应用平台。社会公众应用平台主要面对社会大众，供其进行在线登录、技能培训、信息查询、所得税计算、其他人员自主学习经管知识等。

（4）中小企业应用平台。中小企业应用平台主要面对社会中小企业，可供其在线登录、财务管理咨询、请求代理记账、纳税申报、纳税筹划。

三、服务资源库的建设要点

经管类专业教学服务资源的建设旨在满足在校师生和社会的需要，要实现这一建设目标需要抓好关键环节，包括前期准备、建设过程和后期维护。首先，要做好前期的调研和分析，这是资源库建设的前提，通过调研分析形成合理的资源库建设方案，明确具体建设内容。其次，重点抓好资源中心的建设，包括专业课程中心、实训实验中心、技能认证中心、专业素材中心和服务交流中心，这是资源库建设的核心。最后，资源库的后期更新和完善也是非常关键的，需要实时更新、不断完善，才能起到有效服务的作用。

参考文献

[1] 王晨，刘男．互联网+教育：移动互联网时代的教育大变革[M].
北京：中国经济出版社,2015.

[2] 易凌云．互联网教育与教育变革[M].福州：福建教育出版社,2018.

[3] 胡刚．论"互联网+教育"[M].南京：江苏凤凰教育出版社,2017.

[4] 邓文博，吴春尚，姜庆．高职经管类专业人才培养模式的研究与
实践[M].广州：华南理工大学出版社,2017.

[5] 王成云．经济发展新常态下高职经管类专业人才培养模式研究
[M].长春：吉林人民出版社,2016.

[6] 朱应雨．虚拟仿真教学资源与人才培养模式改革[M].上海：上

海交通大学出版社,2018.

[7] 张子林，彭小兵，何成辉，等.大经管生态圈的理论与实践[M].上海：同济大学出版社,2017.

[8] 张晓欣.高校经管类专业人才培养探索[M].长春：吉林人民出版社,2020.

[9] 傅菊芬，朱跃.学以致用——独立学院应用型人才培养的探索与实践[M].苏州：苏州大学出版社,2017.

[10]吴家清.人才培养与专业建设[M].沈阳：东北财经大学出版社,2007.

[11]谢朝阳.企业参与下高职经管类专业教学模式研究[M].长春：吉林人民出版社,2016.

[12]陈晶莹，张慧文，应小陆.本科应用型人才培养的路径、方法与实践[M].上海：上海财经大学出版社,2015.

[13]唐晓鸣.应用型人才培养模式新探[M].武汉：湖北科学技术出版社,2008.

[14]葛金田，柳兴国，朱青梅.高校经管类创新型人才培养研究[M].北京：中国财富出版社,2018.

[15]梁哲.翻转课堂校本化研究[M].长春：吉林人民出版社,2019.

[16]郭建鹏.翻转课堂与高校教学创新[M].厦门：厦门大学出版社,2018.

[17]庞洪伟，巩艳红.翻转课堂模式构建与高校经管专业教学改革研究[M].长春：吉林大学出版社,2020.

[18]胡冰."互联网+"环境下高校经管类专业翻转课堂教学模式研究[M].北京:北京工业大学出版社,2019.

[19]许世英,李来儿,刘名旭,等.理工高校经管专业教育教学一体化改革研究[M].成都:西南财经大学出版社,2018.

[20]韦克俭.经济管理专业本科教育教学改革与创新[M].北京:人民日报出版社,2019.

[21]杨鹏.实践教学改革与探索[M].北京:北京理工大学出版社,2019.

[22]孟兆怀.实践教学行与思(第2辑)[M].成都:电子科技大学出版社,2011.

[23]曹邦英,戴丽红.理工高校素质教育与经管专业教育教学改革研究[M].成都:电子科技大学出版社,2012.

[24]李玲.高校学生管理工作创新研究[M].长春:吉林人民出版社,2020.

[25]王炳坤.高校大学生管理教育与校园文化建设[M].长春:吉林出版集团股份有限公司,2021.

[26]王建国.教师管理与学生管理[M].北京:北京理工大学出版社,2013.

[27]徐荣荣.浅谈人岗匹配理论[J].中小企业管理与科技(上旬刊),2012(9):23-24.

[28]钟佩彤.人岗匹配理论与实践探讨[J].劳动保障世界,2019(32):52.

[29]黄璐,尚利宁,兰山,等.经管类综合仿真实践教学平台构建探

索 [J]. 实验技术与管理 ,2014,31(11):191–194.

[30] 荆浩 , 吴景泰 , 吴志红 . 经管类多专业共享实践教学体系的探索 [J]. 实验室研究与探索 ,2014,33(11):274–277.

[31] 胡晓敏 . 经管类实践教学体系的设计与构建 [J]. 实验室研究与探索 ,2016,35(7):276–280.

[32] 张英奎 , 陈明 , 郑庆华 , 尹晨坤 . 经管类专业实践课程教学体系改革与课程建设的思考 [J]. 中国大学教学 ,2014(5):74–77.

[33] 阮坚 , 田小丹 , 王小燕 . 翻转课堂在高校经管综合实验中的探索与实践 [J]. 实验室研究与探索 ,2019,38(3):245–249.

[34] 李旻晶 , 涂珊珊 . 基于慕课与翻转课堂的经管类专业实践教学探究 [J]. 科技创业月刊 ,2021,34(10):118–120.

[35] 邱波 , 朱一鸿 . "翻转课堂"模式下高校经管类课程教学设计 [J]. 宁波大学学报 (教育科学版),2017,39(4):99–103.

[36] 朱建良 . 信息化背景下高校学生管理创新研究 [D]. 宁波 : 宁波大学 ,2013.

[37] 崔俊秀 . 新形势下高职院校学生管理问题研究 [D]. 大连 : 大连海事大学 ,2014.

[38] 范伟弘 . 高校大学生管理工作创新研究 [D]. 石家庄 : 河北师范大学 ,2013.